法式麵包佐中國普洱

吐槽**跨國婚戀**！
今天你抓狂了沒有？

奇拉・蘇拂來・著

Vorwort（德語原文序言）

Wir leben in einer globalisierten Welt. Damit diese Welt auch noch im nächsten Jahrhundert von uns allen gemeinsam bewohnt werden kann, müssen wir einander verstehen, müssen die westlichen und östlichen Kulturen versuchen, Traditionen, gesellschaftliche Strukturen und Wertesysteme des Gegenübers zu verstehen.

Es ist erfreulich, wenn dieses gemeinsame Ziel auf der Mikroebene bereits an so vielen Orten der Welt verwirklicht wird. Wenn zwei Menschen aus verschiedenen Kulturen einander finden, müssen beide Seite viel lernen, dürfen beide Seiten viel lernen. Von den damit verbundenen bürokratischen, gesellschaftlichen und emotionalen Herausforderungen, von Freude und Leid interkultureller Ehen erzählt Kiras vorliegendes Buch.

Die Verfasserin hat Interviews geführt und Statistiken gesichtet, sie lässt interkulturelle Beziehungen zwischen verschiedenen Nationalitäten zu Wort kommen und berichtet auch von ihren eigenen Erfahrungen in Deutschland und Frankreich. So ist dieses Buch ein Panoptikum verschiedenster Beziehungen geworden, das nicht - wie manch anderes Buch ähnlicher Thematik - in Gefahr gerät, aus den eigenen Erfahrungen Stereotype zu zementieren. Die

Autorin hinterfragt traditionelle Vorstellungen von Liebesbeziehungen und Ehe im Lichte chinesischer und europäischer Traditionen, von der Suche nach dem richtigen Arzt über die Frage nach der dominanten Sprache in der Familie bis zu Fragen der Kindererziehung, der Küche und dem Umgang mit den Schwiegereltern werden alle Themen gestreift, die im Alltag interkultureller Beziehungen eine wichtige Rolle spielen. Glückliche und tragische Geschichten kommen darin vor, und Momente der Faszination und Anziehung wechseln sich ab mit Momenten der Verzweiflung im Angesicht der gegenseitigen Fremdheit.

Mit den Männern empfindet Kira manchmal Mitleid, und kann sich an anderer Stelle auch über ihre Klagen amüsieren. So ist ein reflektiertes, akribisches und auch erheiterndes Buch entstanden, aus dem nicht nur mit Europäern und Europäerinnen verheiratete Gewinn ziehen, sondern das als erhellende Unterhaltung für jeden gelten kann, der über langfristige Beziehungen nachdenkt.

Ich wünsche diesem Buch viele Leser in der ganzen Welt. Insbesondere den zahlreichen europäischen Männern, die asiatische Partnerinnen haben, sei dieses Buch dringend empfohlen, und es wäre zu hoffen, dass dieses Buch auch in Europa erscheinen kann, denn es liefert auch für uns Europäer einen liebevollen, humorvollen und wertvollen Beitrag zum gegenseitigen Verständnis, nicht nur zwischen verschiedenen Kulturen, sondern auch zwischen Frauen und Männern.

Berlin, im Frühling ,2020

Andreas Guder（顧安達）

序言（中譯）

我們生活在一個全球化的世界中。為了在下個世紀我們所有人仍然可以共同居住在這個世界上，我們必須彼此瞭解。西方文化和東方文化必須嘗試瞭解對方的傳統、社會結構和價值觀。

不同文化之間互相瞭解的大目標在跨國婚戀這一微觀領域得到實現，是很令人高興的事。當兩個來自不同文化的人相遇時，雙方都必須要學很多，或者應該說有機會學到很多。作者奇拉在這本書裡講述了跨國婚戀帶來的快樂與痛苦，比如：手續上的困難、社會與情感方面前所未有的挑戰，等等。

作者進行了採訪和資料統計，以此來呈現各種國籍的人之間的跨文化關係，她也講述了自己在德國和法國的經歷。因此，這本書可以說是跨國婚戀的全景圖，相較其他許多類似主題的書籍，它的特別之處是作者不會一味根據自己的經歷去刻畫主觀的刻板印象，而是用許多他人的真實故事以及統計資料來反映現實。作者以中國和歐洲的傳統為背景，質疑人們對於傳統婚戀關係的設想，話題涉及尋找合適的醫生、家庭中占主導地位的語言、子女撫養、廚房瑣事以及與岳父母相處等等——所有在日常跨文化關係中扮演重要角色的問題。彼此間的陌生造就了許多或快樂、或悲傷的故事，在這些形形色色的故事中，迷戀、吸引的時刻與絕望的時刻交替出現。

奇拉有時同情男人，有時也會覺得他們的抱怨有點好笑。於是就產生了這一本頗具反思性、精心安排又詼諧有趣的書。這本書不僅會讓與歐洲人結婚的男女從中受益，並且能給任何想擁有長期關係的讀者帶來啟發性的娛樂。

我希望這本書能擁有世界各地的讀者。我想把它特別推薦給眾多有亞洲伴侶的歐洲男人們。我也期待這本書能在歐洲出版，因為它也為我們歐洲人做出了充滿愛與幽默的寶貴貢獻，讓我們可以相互理解——不僅是在不同文化之間，也是在男女兩性之間。

顧安達（Andreas Guder）博士、教授
德語區漢語教學協會會長、德國柏林自由大學漢語教學及語言文學教授
二〇二〇年春季，於柏林

目次

2. 語言

053

3. 飲食及生活細節

092

開篇

人生的故事就像是一本書，不翻到最後一頁，就很難說已經看到了結局。即使是翻過了最後一頁，那些曾經最真實的想法與感受，也未必就會現於人前。多半都是隨風而逝了吧？

誰都希望自己在別人眼中鮮衣怒馬、幸福無比，可在各種社交軟體曬出的一片燦爛背後，誰又能沒有一本難念的經呢？來看看奇拉身邊真實的故事，來聽聽跨國婚戀的主人公們挖心挖肺的吐槽、甚至是咬牙切齒的評說，再決定你要不要期待一份異國情緣，讓它慢慢靠近，開花、結果。若你已經處在了跨國婚戀的某一階段，就更不妨來借鑒一下別人的經驗教訓，避開那些本可以提前避開的「坑」。

其實在任何一樁婚戀中，兩人之間都必然存在著成長背景、家庭文化或生活習慣的差異，跨國婚戀只是其中差異比較明顯的特例。本書中的大部分內容對普通情侶和家庭也有廣泛的借鑒意義。

奇拉已在歐洲客居十年，先是在德國大學裡當了數年講師，後來跟法國男友結婚後，又隨他移居法國。

十年來奇拉認識了很多對跨國情侶和夫婦，有些成了知己好友，多年來一直保持著聯繫；也有些朋友交往一段時間後，就因為時、地的變換漸漸失去了聯絡。這些跨國情侶和夫婦來自各種各樣的國家和地區，說著不同的語言：中—法、中—德、中國—巴西、中—韓、烏拉圭—加拿大、西班牙—法國、臺灣—法國、臺灣—德國……有些是在國外華僑社團內結識的朋友，有些是本來已認識多年的老友遠嫁異國，也有的是在中國或德國大學裡教過的學生。

本書中不僅有奇拉的親身經歷、在歐洲十年的見聞，也有專為此書進行的採訪內容。為了完成書稿，奇拉也通過朋友們的介紹，隔空採訪了十幾對本來並不熟悉，甚或完全不認識的跨國情侶或夫婦，他們來自中國—以色列、中國—瑞典、法國—韓國、英國—美國、中國—日本、中國—加拿大、德國—臺灣……等全球各地，很多都是奇拉從未到過的國家或地區。

每一對跨國情侶的相識都有一段或長或短、或奇特或浪漫的故事，而之後他們相愛相處、共同生活的篇章就更是各不相同——有的故事很精彩，縱橫千萬裡，橫跨多個國家，並且始終充滿愛意；有的故事就未必那麼精彩，也未必那麼充滿愛意，甚至……後來的結局令人唏噓。

通常奇拉跟同樣遠嫁異國的朋友們聊天，總能聽到她們對戀愛或婚姻關係的一些評論。又偶爾一群中國女人聚到一起，討論起自己的外國老公時，用詞更是毫不留情，描述精準、辛辣。奇拉有時會拍手贊成，有時也會聽到瞠目結舌。

幾位外國男性好友也會不時跟奇拉吐槽自己女友某些「完全不可理解」的行為，他們思考、也迷惑，在吐槽中痛並快樂著……奇拉聽著他們的吐槽，有時會覺得他們好可憐，有時也會很不厚道地捶牆大笑起來。

聽過那些或迷惑、或辛辣、或痛哭流涕、或令人捧腹的吐槽之後，奇拉也會靜下來想想，如果當初的他們能聽到自己今日的吐槽，還會不會做出同樣的選擇、留在同樣的人身邊呢？對這個問題的回答，如果說「是」，通常都很乾脆，可能還會帶著笑；可如果要說「不是」，卻是極為艱難的事。生活本就艱辛，情感更是兩難，要在生活的現實與內心的情感中做出一個讓自己多年後還覺得「正確」的選擇，該是多麼不容易的事？

更何況時光流逝，世界在變，人也在變。在一切的變化中想要追尋一份不變的情感、穩定的關係，難度到底有多大？尤其是，當婚戀雙方來自不同的政治與文化氛圍，被完全不同的學校和家庭教育方式教養長大，有著迥然相異的生活習慣和人生經歷，也對金錢、情感、婚姻、孩子有著未必相同的理解與執著……這樣的跨國、跨文化婚戀關係，是否會比普通的婚戀來得更為幸福？或是更為艱難？相信看完本書之後，你會有一些自己的思考。

目前亞洲國家的跨國婚戀還是以亞洲女性與歐美男性在一起的居多，亞洲男性與歐美女性結合的較少。本書雖然更多是從女性視角出發，但也並不只面向女性讀者。書中許多跨國婚戀中男性的觀點以及諸多章節的主題對男性讀者也有著實際的參考價值。

1.婚姻觀念

父母催婚？男友拒婚！到底為什麼要結婚!?

奇拉曾聽到過一位父親對自己的親生女兒非常震撼的催婚說辭，這番說辭在若干年後的今天仍在奇拉的腦海中清晰地迴響著：

「你現在都二十八了還不快找對象？二十九歲你就只能找離過婚的了，三十歲以後你就只能找離婚帶孩兒的了！」

「為什麼別人找男朋友，一個就結婚了？你找了一個中國的吹了，再找一個韓國的又吹了。那還是你的問題，你要在自己身上找原因。」

這些話是奇拉在某大學教師宿舍裡聽到的。這是某位同事的父母從南方某城給她打來的國內長途。這樣的電話差不多每晚八點都準時響起，通話一般持續一小時左右。每次掛掉電話，這位同事都臉色灰暗、情緒低落，第二天繼續努力，在工作之餘奮力找男友。奇拉那時除了覺得恐怖之外，更多是由衷敬佩她強大的心理承受能力。如果換成奇拉被這樣折磨，三天之內包準瘋掉。

可見，在二十一世紀的當下，中國人戀愛的目的大多還是指向婚姻。雖然與三、四十年前相比，年輕人的婚戀觀念已經出現了相當大的鬆動，變得比傳統觀念更加開放與多元，也出現了閃婚、隱婚、形婚等新的婚姻形式和內涵。不過即使是在北京這樣的現代化大都市，年輕人的婚戀新觀念依然會遇到父輩們強大的阻力。女孩子到了三十歲還沒結婚，便很難逃過被父母和七大姑八大姨催婚的命運。先生孩子再結婚，或者只生孩子不結婚，似乎仍然不是一個可能的選項。

德國的官方資料表明：在德國，二〇一六年出生的七萬八千五百個孩子中，有百分之三十五點四九是非婚生的。

而法國的官方調查顯示，一九九四年有百分之三十七的孩子是非婚生的，而二〇一八年的資料已經攀升到了百分之六十一。也就是說，有百分之六十一的孩子在出生的時候，他們的父母還沒結婚，之後也不一定會結婚。

由此可見中國與西方的婚姻觀念還存在著相當的差異。如果抱著結婚的目的跟一個外國人開始一段戀愛關係，卻不明白你心裡結婚、生孩子等人生大事對他來說到底意味著什麼、有怎樣的分量，那這種戀愛以及對戀愛結果的期待就不能不說有些盲目。所以，讓我們從婚姻觀念開始吐槽起吧。

古今中外，嘲諷過婚姻的人數不勝數，也有人把婚姻比作一台總是出毛病的老機器，可人類卻發明不出更新、更好的機器來替代它。

婚姻是把兩個獨立個體的經濟、感情、性以及所有人際關係結合成為一個新的整體。中國人喜歡強調婚姻的必要性，比如說：婚姻對女性權益的維護、對孩子未來的保障、對社會穩定的好處等等。可是翻翻新近修改的婚姻法，似乎對女性利益的保障反而是減弱了。想通過一紙婚約保障自己今後幾十年的未來——無論是經濟上還是感情上——似乎都未必行得通，甚至這種想法所建構的未來之路已經變得岌岌可危。北京的離婚率已經上升到了百分之五十左右（以當年的離婚對數除以結婚對數來計算），誰還能信心百倍地說一紙婚約能給自己帶來什麼保證？如今比比皆是且廣受詬病的守寡式婚姻、喪偶式育兒，更給婚後的生活加上了一個灰暗的注腳。

結婚到底為了什麼？我又為什麼要結婚？是未婚的年輕男女常常自問卻得不到答案的問題。

如果有一天你小心翼翼地向西方世界金髮碧眼的男友提出結婚這個議題，他很可能大義凜然地給出如下幾個絕對不能或者大可不必結婚的理由，比如說：

「結婚是一種過時的、與宗教相關的舊觀念，我們不信宗教，為什麼要結婚？」

「結婚是政府對人的控制方式，是對人民的一種專制手段。」

「結婚太貴，離婚更貴；結婚要破財，離婚就會破產了。人們結婚和離婚，只有政府和律師會享受好處、賺大錢。」

「結婚的婚禮太繁瑣了，各種細節絕對可以把人折磨瘋，另外費用也太貴了，有這麼多錢做點什麼不好？我們其實可以考慮註冊同居？」

「我認識的大多數朋友都是沒結婚就生了孩子，很多都一起過了一輩子也沒結婚，我看不到任何需要結婚的理由。」

客觀地說，這些回答並非都是胡說八道，甚至在某種意義上都有道理，不過卻未必是你想要聽到的回答。

在這裡需要聲明的是，以上腦洞大開的回答絕不是奇拉為了恐嚇各位所進行的杜撰——奇拉的腦洞還沒有這麼大——這裡的每一句話都凝結著一個恨嫁女子的痛與淚。相信你一定不希望，從男友口中聽到這種震撼答覆的人是自己。特別是如果交往了三、四年之後，再聽到這樣的回答，絕對值得默哀幾分鐘。

所以，除了他對你的感情之外，他腦子裡關於婚姻的默認設置也至關重要。如果在你的人生規劃中一定有「結婚」這一項的話，他的婚姻觀念、他所身處的文化對婚姻的定義，甚至是他所在的國家有關婚姻的法律、他原生家庭的婚姻狀態，都需要在交往初期就弄明白，以免浪費了你寶貴的青春，打碎了一顆水晶心——畢竟，你也不希望夢幻婚禮後回到他的家鄉，發現他家裡已經有三位合法妻子在等著你們吧？

聽到上面的那些回覆後，也許你會認真問自己：「結婚真的那麼重要嗎？」這個問題沒有人可以回答你，只有你自己可以搞明白。如果你去向別人討答案，那麼有許多可以預知的回答，比如：父母大概會用傳統觀念教育你，告訴你「少年夫妻老來伴」，結婚絕對是必要的；結了婚的人要嘛會說結婚真的很好，要嘛會說結婚真的很糟；而沒結婚的人多半跟你一樣困惑。

不過其實如果重新審視結婚這個命題的話，你會發現你真正想要的可能並不是那一紙婚約。你想要的是對感情的確定感、對生活的安全感，也許還有經濟上的保障和人脈的拓寬，甚至是人生境遇的徹底改變。

拋除後面那些功利因素不談，只說對感情的確定感和對生活的安全感，你會發現這兩點其實並不是婚姻一定能夠給你的，也並不是只有婚姻才能給你。獨立的人格、成熟的生活態度以及一份你喜歡的工作、有發展性的事業也許就能給你這兩點。

不結婚真正讓你感覺不安的地方也許是對方不想結婚的理由。如果你本來就有些質疑婚姻的必要性，經過坦誠的傾談，發現對方不想結婚的理由也是成立的，跟對方對你的愛以及想與你共度許多時光的想法並沒有矛盾，在這種情況下，執著於那一張紙的形式，而讓這種執著去傷害感情本身，也許未必明智？

別看奇拉說了這麼一大堆，可奇拉卻是跟相處三年的老張在德國結婚、若干年後又一起回到奇拉的家鄉之後，才懷孕、生了孩子。（老張是位藍眼睛大鼻子的法國人，可是漢語說得很好，說漢語的時候東拉西扯的廢話也很多。這位人高馬大的法國男人漢語名字姓張，自從聽了奇拉的二姨與二姨夫之間的互相稱呼之後，就欣欣然地自稱老張，我們也就姑且這樣稱呼他吧。）從交往初期，奇拉就在坦誠、幽默的對話中讓老張明白，在奇拉的人生中，結婚是個必選項，是奇拉認定的、通往幸福的必經之路。不過奇拉一定會等到最合適的對象和最恰當的時機才會結婚，絕不會為了結婚而結婚。

所以，如果你知道自己確實想要結婚的話，就不需要懷疑自己的想法，也不必去質疑自己的需要。別管別人說什麼，也別管對方是哪國人，一定要或委婉、或坦率地讓他／她明白你的願望。看對方如何回應，你就會知道他／她是不是那個正確的人。看看對方只是一味迴避、狡辯，還是會認真坦誠地跟你討論這個問題；看對方是否會因為你的堅持而重新審視自己的想法；看對方是否會把你的感受，以及能否給予你幸福當做一個重要的考量要素。如果……不是的話，及早放棄也許要比……互相折磨、美夢破滅、身心傷痛、年華老去，不再相信愛情……以後再放棄，要好得多。

在結婚與不結婚之間——其他選擇？

細心的你大概注意到了上文出現過「註冊同居」這麼一個詞。在結婚與不結婚之間，是否還有其他的中間道路可以選擇？註冊同居也許就是這麼一種妥協。在一些西方國家，註冊同居的雙方幾乎享有跟結婚的夫婦同等的各項權利，註冊同居所生的子女（甚至非婚生子女）也都享有與婚內生育的子女完全一樣的權利。註冊同居還可以省去操辦婚禮的繁瑣事宜，節省大量的時間與金錢。如果是這樣的話，為什麼這不是一種經濟、便捷的新選擇呢？

在德國和法國，「註冊同居」這一法律條文的出現，最初都是為了同性情侶在法律上明確關係而設立的。由於歷史上宗教、社會認知等方面的原因，同性結婚的法案很難一下子通過，可是很多同性情侶又確實有常年生活在一起的事實，卻因為不能在法律上正式註冊結婚，而無法享受減免納稅、就近分配工作地點（通常是對公務員類職位而言）等等法律規定的優惠政策。於是註冊同居的法律選項就應運而生了。

有趣的是，在歐洲各國陸續通過了同性結婚法案的今天，從前為了同性情侶所設的選項，卻頗受異性情侶的青睞。目前在法國選擇註冊同居的情侶有很大一部分都是異性。根據法國官方資料：

二〇一六年，全法國共有二十二萬六千六百對新人註冊結婚，而同年，有十九萬兩千對情侶註冊同居（PACS, Le pacte civil de solidarité），其中同性情侶註冊同居的有七千對。

如果我們做一個簡單數學計算，就可以看出，百分之五十四的法國人選擇了傳統的結婚，而百分之四十六都選擇了註冊同居。在註冊同居的情侶中，只有百分之三點六的同性情侶，其他的都是異性情侶。

不過歐洲各國關於註冊同居的法律條款也各不相同，比如在德國，註冊同居（eingetragene lebenspartnerschaft）只為同性情侶而設置，異性情侶只能按照傳統的方式註冊結婚。從二〇一七年十月一日開始，德國承認同性婚姻，與此同時，無論是同性還是異性都不能再申請註冊同居。

在政策允許的國家，註冊同居也許是個不錯的選擇，不過很多時候選擇越多，問題也就越複雜。到底是執著於心中的結婚願景，還是選擇註冊同居的捷徑，又或者徹底灑脫地把婚姻這個老觀念拋在腦後？各位只能認真地捫心自問，然後再與對方共同探討，才能得出只屬於你的答案。

彥葉女士的「求婚」：結婚需要現實的理由嗎？

想起當年奇拉還在德國某大學漢學系工作時，系裡有一位助教叫彥葉（本書中所有人名均為化名），也是中國人，那時她三十出頭的年紀，已經跟德國男友結婚兩年。當時的奇拉在德國開始工作不久，對異鄉的生活也不是非常適應，剛開始交往的法國男友老張也仍然住在法國，總之無論工作、生活還是情感上都並不是特別舒適的狀態。

彥葉是個熱情、健談的人，見奇拉初來乍到，便常常伸出援手，從亞洲超市哪家好，到推薦專科醫生的診所等等，在生活上給奇拉提供了很多實用的資訊。一來二去熟識了，就會從系裡的人事八卦，聊到個人的感情生活。奇拉總是滿臉豔羨地說彥葉博士學位拿到了，工作也有了，婚也結了，簡直是人生順遂、事事如意。每到這時，彥葉就會出人意料地滿臉無奈，爆出一些讓奇拉瞠目結舌的料來。

有一次，彥葉又開始調侃著問奇拉說老張為什麼還不搬家來德國，奇拉便也好奇地追問彥葉的德國男友當初是如何求婚的。沒想到一提到「求婚」這個詞，彥葉便滿臉嚴肅、義正言辭地對奇拉講：

「你不要指望德國男人會跟你求婚，我們結婚其實是我跟他提出來的。」

「啊？那你怎麼求婚的？」天真的奇拉懵了。

「沒有什麼求婚，我就是提出來跟他談的。」

「……怎麼談的？」

「我就直接跟他說呀。我們從大學的時候開始交往，當時已經在一起很多年了，我博士快畢業的時候其實不好找工作，沒有工作就沒有簽證，沒有簽證就不能繼續住在德國，當時就猶豫說要不然回國算了。可是如果回國的話，他也不瞭解中國，也不會說漢語，不可能跟我回國，那我們就只能分手了。這都是最現實的問題。所以我就擺明瞭跟他說這些情況啊，如果不結婚我就沒有簽證，那就只能回國，回國就只能分手。然後就是他的選擇了。」

「所以你們結婚……就是為了簽證？」

「那也不能這麼說，畢竟我們在一起那麼多年，還是有感情。但是你要想跟德國人結婚，必須有一個現實的、正當的理由，要嘛是簽證，要嘛是什麼別的，讓他覺得結婚是有道理、有理由的，要不然他們都是孩子十好幾歲了也沒結婚的多得是。他會問你『為什麼要結婚啊？』，你就答不上來了。」

彥葉說得很坦白，但這答案卻讓奇拉心裡不太舒服。結婚需要一個現實的理由嗎？結婚不需要理由嗎？

九年以後的今天，當奇拉坐在自己家裡，在電腦前「劈裡啪啦」地打下這段文字的時候，突發奇想地去捅了捅正癱在沙發上看電視的老張，給他說了彥葉的看法，問他怎麼想。老張煞有介事地說：

「那肯定不是所有德國人都是這樣的啊，你看萊河和瑪蒂也不是這樣啊。」

「萊河和瑪蒂一個是德國人，一個是法國人，肯定沒有簽證的問題嘛。」

「對啊，可是他們結婚還是萊河求婚的啊。並不是非得有一個現實的理由才能結婚嘛。比如說你看我，我就是好好的，我也求婚了，我……（以下省略老張自誇的三百句廢話）」

「可是還是有很多西方人覺得結婚沒道理啊。」

「對啊，可是也不是一定都這樣啊，還得看人呀。比如說你找的人就特別好，你看我……（以下再次省略老張自誇的廢話）」

看到奇拉扭回身子繼續打字不聽他說，老張在沙發上哼哼唧唧地表示不滿：

「是你先問我的，你還不聽我說，我說得多有道理你還不聽……」

所以說男人喜歡說話絕不是件壞事，尤其是他還喜歡用你的母語碎碎念，你想聽的時候就能無障礙聽懂，不想聽的時候就可以自動屏蔽。如果他說的是他的母語，而你又並不精通，那可能就不是很好玩了。認真聽的時候需要耗費好多能量，好不容易回到家想歇歇，腦子還得聽外語，累到想要發飆；聽不懂的地方還得求解釋，很多時候弄不好還會產生難以察覺的誤會；外加連吐槽都吐不爽，吵架也吵不贏……

你看，語言本來是下一篇的內容，奇拉現在就迫不及待地開始吐槽了。

德國金髮工程師和法國姑娘瑪蒂的婚姻

讓我們按捺下吐槽語言的激動心情，回到剛剛提到的萊河和瑪蒂的婚姻上。

萊河是個三十出頭的德國男人，職業是工程師，業餘愛好是衝浪——身材頎長、一身小麥色的肌肉、夾著衝浪板的金髮工程師，還是很帥的哦；瑪蒂是個二十多歲的法國姑娘，歷史專業碩士，做過網路客服、博物館講解員、德法雙語國際小學的助教等等各種各樣的工作。瑪蒂是老張搬家到德國以後認識的朋友，後來奇拉和老張常常請她到家裡做客，也在其他聚會上頻頻見面，最後就成了很熟悉的朋友。後來瑪蒂認識了萊河，他們交往之後，奇拉和老張也就跟萊河熟了起來。

到奇拉寫這本書的時候，他們在一起已經七年，結婚兩年，有了一個六個月大的兒子。而當初他倆的相識，不過是在德國酒吧裡的一次搭訕。萊河絲毫不否認他對瑪蒂的一見鍾情，兩人在酒吧裡聊得很好，就交換了聯繫方式，然後慢慢開始了交往。

聊起婚姻觀念，萊河倒是侃侃而談，一會兒用德語，一會兒用法語，一會兒用英語，搞得奇拉也一直在來回切換語言。萊河對於「結婚」的詮釋讓奇拉頗有些意外：

「婚姻就是遇到一個想和她共度一生的人以後，用一種形式把這段關係確定下來——當然也不可能百分之百地肯定能和這個人共度一輩子，但至少是很想。五十年以前（在德國），『是否要結婚』是一個根本不需要討論的問題，我身邊所有人都是戀愛，然後結婚。而現在的（男女）關係太隨意，這未必是件好事。如果沒有把這段關係用婚姻的形式確定下來，那麼一旦遇到困難，就可以逃到另外一段關係中，這樣似乎人生永遠停在一個階段，不會前進。」

而後說到求婚，萊河微微臉紅地告訴奇拉，他是在巴黎的埃菲爾鐵塔下手執一束鮮花向瑪蒂求的婚。

奇拉之所以會對萊河的婚姻觀念覺得意外，是因為如此傳統的婚姻觀似乎從奇拉的某個父輩口中說出來也毫無違和感。說實話，奇拉真沒想到三十多歲的德國人會有這樣傳統的婚姻觀念。（好吧，如果你說那是因為三十多歲已經不是「年輕人」，那奇拉也只能瞪眼無語……）

相比之下瑪蒂的想法倒是更符合奇拉的預設。她說在萊河求婚之前，他們倆就交流過關於孩子和結婚的大概想法，所以她猜萊河可能想要求婚，但並不知道具體他會求婚的時間和方式。

奇拉笑問瑪蒂為什麼會答應萊河的求婚，她居然是這麼回答的：

「為什麼結婚？是因為萊河求婚了啊。如果不答應，那這段關係就要出問題，所以就答應了唄。對我來說，我的兩個姐妹都是先生了孩子，後來才結婚，所以我先生孩子再結婚，或者不結婚也沒問題。」奇拉正要笑他倆的婚姻觀相差如此之大，沒想到瑪蒂又補充了一句：「不過那是以前的想法。現在生了孩子以後，還是覺得先結婚再生孩子更好，會有一種關係的確定感和安全感。」

所以說，遇到一個可靠的男人，在你還沒想明白的時候，他就已經把你需要的確定感和安全感雙手奉上，與你在一段穩定的、有承諾的關係中共同養育孩子，向著「共度一生」的目標前行。是不是聽起來像王子公主的童話故事般美滿？不過前提是你得有運氣，也得有識別良人的慧眼。關於「可靠的男人什麼樣」這個話題，讓我們留到第十篇再來詳細討論吧。

話說這位金髮工程師，談起法國人的家庭觀念時更是大為贊許，他認為法國人的家庭觀念比德國人強。每次參加瑪蒂的家族聚會時，那些法國親戚差不多整整一天圍坐在飯桌旁聊天。中午飯已經是吃好幾個小時，然後喝個咖啡、吃個點心就又到了晚飯時間。所以法國的家庭聚會是真的家庭「聚會」，能一直跟家人們聚在一起聊天。而德國人的聚會常常是很快吃完飯就完了，之後雖然大家還都待在一個房子裡，卻是各做各的事情，不是所有人都待在一起，所以真正家人間能交流的時間就很少。萊河很喜歡法國人的家庭聚會方式，覺得這樣更有「一家人」的感覺。

婚姻觀念的契合——合適比優秀更重要？

同樣是德國人，九〇後的楊思語就有著不太一樣的婚姻觀念。

楊思語是德國某大學漢學系的學生，少時曾在中國學過兩年漢語，漢語水準已經相當高，所以在漢學系入學的時候，已經免修了許多漢語課，是漢學系裡極少數奇拉肯定不會教到的學生之一。於是奇拉便跟他成為了學伴（私下裡奇拉教他漢語，他教奇拉德語），常常一起練習。

思語性格很好，跟奇拉相處融洽，慢慢就成了好朋友，許多年來雖然天南地北相聚時少，但每次見面還是很談得來。

在一次相聚中跟思語單獨聊天，說到婚姻觀念時，思語比較強調的一點是婚姻的社會性，他認為結婚就意味著兩個人「綁在了一起」，可以有更加一致的未來規劃，比如說：男方工作調動時，女方就可以作為「太太」跟著一起走。他也很強調婚姻「不是依賴感」，兩個人還是兩個獨立的個體，可以去做自己想做的事情，喜歡自己喜歡的事物。

奇拉聽到這裡，半開玩笑地問：

「也可以去喜歡自己喜歡的人嗎？」

本以為思語會理所當然地笑答說「那還是不行吧」，卻相當意外地聽他說：

「可以啊。」

「蛤？」奇拉以為他是在開玩笑，便很認真地問道：「那你太太程繽也可以喜歡別的人嗎？」

「她當然可以喜歡她喜歡的人。並不是因為我們結婚了我就要限制她：不許看別人，不許喜歡別人……不是這樣的。」

奇拉心裡剛建立起來的「思語的婚姻觀」頓時被瓦解了。奇拉覺得很混亂，無法理解為什麼兩個人已經被「綁在一起」、一起規劃未來，卻還可以喜歡別人？

「那她如果跟別的男人有親密的關係你也可以接受嗎？」

「那當然不是這樣的。我當然希望她不會跟其他人有親密的關係，我也會吃醋。但並不是因為這樣就限制她情感的自由。她偶爾也會去跟男性朋友見面，有一次也曾在一位單身的男性朋友家留宿。我都不會不許她去。」

看到奇拉滿臉驚愕的表情，思語又補充道：「當然那次是因為我們第二天就要上飛機，搬家離開當時住的那個國家，而她的那個朋友也是許久沒見面，又住在離機場不遠的地方，她如果在我們家和朋友家往返、再去機場，也很麻煩。」

「那她回來以後呢？」奇拉只對思語這樣的好朋友才會這麼刨根問底。

「她回來我也沒有問。」

「你真的不在意？」

「我當然希望沒有發生什麼，我也很相信她。」

「所以說這方面並不是你婚姻的底線。那你婚姻的底線是什麼呢？」

「你說的『底線』是指什麼？」

「就是兩個人再也過不下去了，必須分手的情況。」

「那我的底線就是長期在一起不開心。」思語並沒猶豫，張口就回答道：「另外如果兩個人沒法一起發展，對未來的設想沒有共同點，那就沒辦法了。如果兩個人的生活，不能去向同樣的方向，那就沒法繼續在一起。」

奇拉對思語的想法提出了許多質疑，因為覺得婚姻的本質就是豎起一道柵欄，限制某些自由，而後在圈定的領地之內，去構建兩個人在感情、經濟、性關係、後代、人際關係等諸多方面的堡壘。如果柵欄過於寬鬆，婚姻的基礎就會受到威脅。

可是有趣的是，思語的第二任太太程繽，卻有著跟他非常契合的婚姻觀念。

程繽是中國南方人，跟思語年紀差不多，大學學的是漢語言文學專業，在臺北做過交換生。她在認識思語之前基本上沒有接觸過外國人。

單獨跟程繽相處時，奇拉也問起了她對婚姻的想法。程繽首先提到的是自己並不接受結婚以前生孩子。受很多現實因素的制約，如：父輩的壓力、簽證的需要等等，不可能在結婚前就生孩子。而談到婚姻與感情的關係，程續覺得「不應該把婚姻與感情掛鉤」。她認為婚姻是一個封閉的系統，但不應該是牢籠，應該給對方情感和身體上的自由。面對奇拉隨後而來的質疑，程續也坦言「不知道自己可以接受到什麼程度」，但同時她也強調最重要的是兩個人「對生活的觀念一致」。她認為對簡單、自然生活的嚮往以及對修行的追求是她跟思語之間最重要的婚姻基礎。

結束了這次短暫的相聚之後，思語和程續啟程去了印度，在為期三個月的修行中，他們上了強化的瑜伽課。每天五點起床，一天三次練習瑜伽，還學習很多理論課，包括哲學、文學、營養學、醫學等等……他們發來的資訊中滿滿的都是打了雞血一樣的興奮狀態，兩人開心得不行。

奇拉由此深深感嘆——最重要的，並非你的婚姻觀念是什麼，而是找到一個跟你觀念一致的人。這就需要在結婚以前就全面地瞭解、深入地理解他／她對於婚姻的認識和期待。

然而婚姻觀也並非一成不變的。

思語與程續這樣一種靈活且包容的婚姻觀念，在生育孩子之後是否會有所變化呢？我們不妨拭目以待。

多年以前，奇拉曾經遇到過一位被日本公司派駐中國的韓日混血高管，名叫林石。家世可算是顯赫，他自己本身也相當優秀，在日本婚戀市場上應該算是相當搶手的單身未婚男子，他本人在這方面也有滿滿的優越感。林石理想中的女友首先必須足夠優秀，而結婚、建立家庭對他來說最重大的意義是找到一個能跟自己匹敵的優秀夥伴，一起拚搏奮鬥，去獲取更高層次的成功和更富足、顯赫的生活。

每個人想要的伴侶與生活是如此的不同。你能不能想像一個程繽那樣憧憬自然生活、精神修行的女子嫁給一個林石這樣務實而世俗的男人可以生活幸福？似乎是太難太難。就算是為了愛，可以有天大的讓步，可是人對生活的最深層渴求很大程度上取決於兒時的經歷與成長中的缺憾，這種渴求是很難大幅改變的。愛上一個不適合的人終究是個悲劇。如果想要的東西各異，想去的方向不同，光靠愛情恐怕無法支撐你在南轅北轍的生活裡過一輩子。

華裔朋友的婚姻觀

在奇拉的朋友中還有一個比較特別的群體，就是華裔的外國人。他們的國籍不是中國，從小在西方長大，在西方接受了從幼稚園到大學的完整教育，卻又在家庭教育裡深受中國文化的影響。那麼這些在成長過程中融合了中西方文化的朋友們，又會有怎樣的婚姻觀念呢？

四十多歲的加拿大華裔中醫師齊仲生給出了一個非常質樸卻又很有見地的回答：

「我沒有考慮太多結婚是意味著什麼。年輕的時候追求自由，想一個人過日子，再過一段時間感覺有一個人一直陪著你，一塊兒去過日子，可能更好一點兒，所以一直想找一個比較適合我的人。

我跟（我太太）施揚就互相很合適，我們在一塊兒感覺是一件比較自然的事情。尤其是旅行的時候，感覺我們的關係真是挺好的，是挺舒服的一種感覺，很放鬆自在的。

我自己的認識是，如果想看一個人適不適合你，你必須跟她旅行，如果你感覺舒服，那就可能是合適的。其實對我來說最重要的是找一個適合我的人，如果沒找到可能就不會結婚。在中國待的時間長了，慢慢能瞭解什麼樣的人更適合我，但是先要瞭解自己是什麼樣的人，通過瞭解自己，就會知道什麼樣的人最合適——這花了我幾年的時間，最後就感覺施揚是最適合我的。其實如果你找到了一個適合你的人——不管是中國人還是加拿大人，就沒什麼大區別，人基本上都差不多。」

同樣是華裔的凱麗從小生長在美國，在接受奇拉的隔空採訪時，三十多歲的她和年紀相仿的英國（白人）丈夫雅克已經在北京居住了十三、四年。當時他們的第一個孩子剛剛降生。懷抱著僅僅三周大的女兒，凱麗的聲音裡都洋溢著滿滿的幸福。

凱麗的父母都是中國人，二十多歲的時候移居到了美國，他們從沒給過凱麗結婚生子的壓力，可是凱麗卻一直都知道自己想要結婚生子。凱麗覺得自己很「傳統」，她想先結婚，然後生孩子；她想穿上美麗的婚紗，跟所有朋友一起慶祝自己結婚；也非常想要有一個美好的婚禮。

凱麗強調家庭的穩定性非常重要：「我和雅克都生長在穩固的家庭，我們也都有愉快的童年，這幫我們建立了安全感，我們都想要結婚、建立家庭、生孩子。當然如果生活呈現出了另外的樣子，我們也可以接受，但它終於按我們想要的面目呈現，我真的很高興。」

凱麗還提到了自己曾經為朋友們籌畫過婚禮，也一直想要有一天能在很美的地方舉辦自己的婚禮。跟雅克結婚的時候，她享受挑選婚紗、設計請柬、選擇餐桌裝飾和花車等等每一個細節。她不讓自己的父母邀請任何不是「我生命中特別的人」——比如說什麼從沒見過面的堂叔——來參加自己的婚禮，最終婚禮屋子裡的每個人都是「懂得我、愛我的人，我也愛屋子裡的每一個人」。

知道自己想去哪裡，並一直朝那裡前行。

這不僅是對婚姻，也對整個人生都有著至關重要的意義。

奇拉一直覺得人生最好的狀態就是：知道自己想要什麼，也知道如何達成。

願我們的生活與婚姻，都是如此。

2.語言

感情靠「談」還是靠「愛」？

語言是人類交流的工具。

如果這個工具有問題，思想和情感的交流就會受限。這是毋庸置疑的。

但是愛情到底是「談」出來的，還是「愛」出來的呢？

記得還在上大學的時候，奇拉曾聽過一位相當有個性的祝老師開的一門叫做「經典愛情小說研讀」的文學選修課。當時祝老師在一個學期的課程裡評論了《牛虻》、《簡愛》、《安娜・卡列尼娜》等許多不朽名著中的愛情，獨特的視角令奇拉眼界大開、獲益匪淺。

有一次的課上，不知怎麼扯到了愛情中的溝通，祝老師非常不屑地講起了他偶爾聽到的一段電話交流。他一共聽到了五句話：

Hallo, hallo, are you good today?

Me good, me good.

Oh, very good.

Hahaha, very laugh.

Ok, ok, see you tomorrow.

這是祝老師的一位熟人，在跟她的美國男友通話時說的話。祝老師當然知道這位熟人的英語不怎麼好，也沒有職業病發作，吹毛求疵地給人家糾正各種語法、詞彙錯誤，反正大概明白什麼意思就行了唄。可是有一句，祝老師實在沒聽懂，百爪撓心地掙扎了半天，終於開口問那位熟人說：

「你剛才說的『very laugh』，到底是什麼意思啊？」

祝老師提這個問題的時候，心態是很謙恭的，他覺得可能是美國口語，自己沒聽懂，畢竟人家的男友是美國人，會一兩句自己聽不懂的俚語什麼的那很正常。那位熟人當即答道：

「『very laugh』，就是『非常可笑』啊。」

祝老師聽了幾乎要當場昏倒，各種哭笑不得，心中默默翻了十幾個白眼。

在課堂上講起這段故事的時候，祝老師相當憤世嫉俗地說：

「『談戀愛』這個詞都是把『談』放在第一位的。她的男朋友完全不會漢語，她的英語又是這個樣子，我非常懷疑他們到底能在何種水準上進行溝通。現在覺得沒問題，那只是仗著一時的激情。談戀愛的時候認為愛能戰勝一切，能產生心電感應、心心相印，語言並不重要。那進入婚姻這一步之後呢？家長里短、油鹽醬醋、孩子每天的九九八十一件瑣事，沒有語言上的無礙交流，要怎麼應對和溝通生活裡的大小瑣事？所以我絕對不看好這種無法使用語言進行深層次交流的戀愛關係。」

這對中美情侶的戀情最後如何結局，奇拉無從得知，不過下一節中，妍露和漢斯的故事倒確實令奇拉對語言的重要性有了新的認識。

德國生活的意外落差？中國未婚妻的抓狂與絕望

妍露是來自北京的一位模特，奇拉認識她的時候，她已經在德國生活了六個月。妍露個子挺高，也頗有姿色，據她自己說在模特圈子裡也是小有名氣。她聊起天來動不動就是「跟國內某一線女星一起聚會」、「跟某某知名導演一起吃飯」等等話題，那些確實有名的名字一說出來，每每都能把奇拉嚇一小跳。

漢斯是位德國漢學學者，人長得乾淨利索，斯文中透著帥氣，言談舉止也頗有德國人的幹練和東方的風度。奇拉是在大學漢學系的同事家裡，先認識了同樣去參加聚會的漢斯，然後才幾次受邀去漢斯家裡參加私人聚會。

漢斯家裡的聚會請的基本上都是德國人，不時也有其他的德國漢學學者，但漢學學者雖然可能精通中國古代典籍或現代政治，卻未必能流利地講現代漢語，而且學者們大都是年長的男性，所以不會說德語的姸露在聚會中仍是十足無聊。第一次在聚會上看到年紀相仿的中國女性奇拉，她便像發現了救命稻草一樣跟奇拉聊起來。客氣了一會兒，發現奇拉說話隨和，便開始如決堤般大吐苦水。

奇拉把她的苦水分類，能清楚地找到她的三個吐槽重點：

第一，不是我不學，德語怎麼那麼變態？（請注意「變態」是她用的原詞，不是奇拉說的。）

第二，德國的生活怎麼那麼無聊？

第三，我快被他媽弄瘋了。（請注意這裡的「他媽」是指漢斯的母親，而不是一句髒話。）

由於姸露是從德語開始吐槽的，所以奇拉真的還滿能感同身受。

若干年前開始學習德語的時候，奇拉的英語已經先後通過了公共英語四級、六級、專業英語四級、八級的考試，英語水準還不算差。饒是這樣，當奇拉開始學習德語的時候，還是驚詫於德語的語法怎麼那麼細緻、繁複？除了英語中複數名詞加-s，第三人稱單數動詞加-s，區分主格I、賓格me等等小兒科的語法現象之外，德語裡光是動詞就有各種奇異變化，差不多每個人稱都有自己特定的動詞變位，有的動詞還是不規則變位……德語裡有四個格，形容詞和名詞的都要根據人稱、格、單複數等情況進行變化，絕對是各種慘絕人寰。

這樣說太抽象了。為了幫助大家理解妍露的痛苦，奇拉舉一個簡單的例子來說明。我們只翻譯下面兩個短句：

我給了她兩本藍色的書。

Ich habe ihr zwei blaue Bücher gegeben.

我會給她一本藍色的書。

Ich werde ihr ein blaues Buch geben.

大家至少可以看到，在這麼簡單的兩個句子裡，虛線下劃線的動詞「給」變化了，直線下劃線的名詞「書」變化了，曲線下劃線的形容詞「藍色」也變化了。

奇拉絕不會再跟你說，德語的形容詞尾還有弱變化、混合變化、強變化三種情況，也不會再告訴你德語的動詞還有可分動詞和不可分動詞……

其實明不明白這些語法完全不重要，重要的是，相信看到這裡已經頭大的你，可以稍微瞭解妍露第一點吐槽的苦衷，以及她抓狂的心情。想像一下完全沒有英語基礎、也沒有其他任何外語學習經驗的她，一下子就來挑戰學習德語，奇拉真心地同情她。

本以為跟著未婚夫到了德國，會有更歐式貴族的、更紙醉金迷的生活，來到這裡卻發現自己變得一無是處，每天面對的都是這些繁瑣細緻到難以置信的語法規則。而學不會德語，不光是生活上，連最基本的簽證和結婚手續都會有問題，所以避也避不開。夢想與現實的巨大落差是落在妍露心上的第一個重擊。

關於妍露的第二點吐槽，奇拉也完全可以理解。

妍露在向奇拉描述自己從前的生活時，大致情節可以概括為：

自己在國內時尚、豐裕的生活，不時坐著朋友的私人直升機飛一飛，參加各種名流的宴請與聚會；自己與漢斯訂婚之後，某位國內一線女星向漢斯示好、甚而表白。漢斯如何對未婚妻毫不隱瞞，各種維護，鐘情不移，拒絕那位家財萬貫的女星；自己在國內的模特工作及參加各種商業活動時的風光。

再對比在德國的生活：

什麼也聽不懂，連收快遞、手機繳費等等小事都幹不了，事事得依賴漢斯；

誰也不認識，由於語言不通也很難交到朋友；

沒有駕照開不了車，哪兒也不能去，還得學德語。

前後的生活對比，簡直是一個天上一個地下，從呼風喚雨到枯坐望天，妍露的心在「我要回國」和「再努努力」兩個選項間搖擺不定。

也許是第三點問題徹底擊潰了她的最後一點鬥志。

據說漢斯的母親，也就是妍露的準婆婆，是個還算開明的德國人。自己的兒子既然是漢學學者，帶個中國未婚妻回來也可以接受。不過這位德國中年婦女很講究生活品質和生活細節，雖然還沒到廚房裡每一個物品都有固定的擺放位置這種極端的程度，但根據妍露的描述是這樣的：

「他媽覺得我不會德語，什麼也管不好——雖然某種意義上說這也沒錯，但是她為了照顧漢斯就會時不時來我們家裡，這時候我的噩夢就開始了。她在這裡一天，就意味著我得集中精神、持續不斷地聽七、八個小時的德語。我的德語要是好，那也就算了，我的德語又不好，八成都聽不懂。她招呼我一會兒走到這兒，一會兒走到那兒，連說帶比劃給我講各種事兒。我本來就腰不好，還一直得站著走來走去。我得很專心地聽她的每句話，努力去聽懂，特別耗神，很快就累了，而且聽不懂還得假裝很客氣、很禮貌地用德語回答。基本上兩個小時過去我就已經累得快要爆炸了，可又不能發作。家裡像帳單等等事務，漢斯得上班沒有精力去管，我又管不了，所以也不能說不用她來。我就只能一次一次這麼忍著。你說我的德語什麼時候能好到可以自己處理這些事啊？」

這個問題奇拉真的很難回答，只好先對她的境遇表示理解：

「不會外語的人很難理解持續用一門外語溝通有多累。不斷地聽七、八個小時德語，就算你的德語好也受不了啊。別說德語了，我就算聽英語聽這麼久，估計也瘋了。」

此話一出，妍露從此把奇拉引為知己。

妍露吐槽最終的結論是：漢斯很好，德國男人很好，我就是受不了德國，受不了德語。我要回中國，繼續過我從前的生活。

後來據奇拉所知，這一對中德情侶還是回到了北京尋求發展。再後來就沒有聯繫了。不知他們是否順利結婚，是否在北京開始了新生活呢？

妍露的幸運之處是，漢斯是位德國漢學家，漢語好得很，對中國的社會、文化，也有著比較深入的理解，又有不少跨文化交流的經驗。所以他能夠理解妍露的不適應，也有可能為了妍露離開自己的國家，到中國尋求發展。而妍露只要避開了德國社會和男方的父母，也就不是必須得攻克德語這個難關，他們的感情在這種規避中得以延續。但德國的漢學學者一共有多少個呢？其中能為了戀人離開故土、離開家人的又有幾個呢？她這樣迴避，又能迴避多久呢？

從零開始的生活你能承受嗎？

沒有語言這個生活中最最基本的技能，真正過起日子來，確實困難多多。有時甚至是連生活中最小的小事也做不好，覺得自己連三歲孩子都不如，從前各種自滿的技能全部歸零，沒有工作不能掙錢、沒有駕照活動範圍大大受限，完全被困死在了陌生的生活裡……

其實奇拉真的不想告訴你們，就在昨天——奇拉已經在法國生活了四年的昨天，還因為語言問題幹了一件特別無語的事。

老張封好了一封信，信裡放了支票。他交代奇拉一定要儘快把信發出去，因為這是向政府繳稅的信件，如果發遲了會有大額的罰款。

奇拉要去發信時，看到信封的右上方有一個該死的框，像下面這樣的：

一般需要貼郵票的普通信封上，這個框裡應該是空白的，可是這個信封是政府的通知信裡附寄來的信封。奇拉看老張沒貼郵票，就以為是免郵票的那種。

不過畢竟沒看懂框裡的文字，所以奇拉還是慎重地查了手機詞典。詞典給出的翻譯是：「免稅費」。這下奇拉放心了，覺得一定是免郵票的意思。保險起見，奇拉還是在信封背面寫上了自己的姓名和地址。

覺得萬無一失了，奇拉開車出去，把信扔進了郵筒裡。

晚上老張回來一問就急了，說這是需要貼郵票的意思。

奇拉也是大驚失色，不過還是安慰自己說：「不行郵局會給退回來的。」

老張立刻補了一刀說：「郵局退回來需要很久，我們繳稅的最後期限是一周以後。」

最後就因為這麼一件不能再小的事，老張他爸跑去郵局兩趟，想把信追回來，郵局卻遲遲沒有回音……奇拉心裡湧上各種自責感、無能感，無以言表。

回想奇拉剛搬到法國的時候，沒有任何法語基礎，只會說三個法語詞，分別是：「先生」、「對不起」、「再見」。只學習了六十學時政府提供的免費法語課後，就以接近滿分的成績通過了法語A1等級的考試。

可是這不夠。A1不夠、A2也不夠、B1不夠，B2也不夠。總的來說就是永遠不夠，因為法國人總能用火箭般的語速說出無數你不會的詞來。

到法國兩年後，奇拉在法國註冊成了私人教師，給法國人教漢語。沒有學生來學漢語的時候，奇拉也不想閒著，跟老張商量了想去找個小兼職。最後覺得可以去試試麥當勞，離家比較近又沒太多的技術含量。

一個在中國和德國當了九年大學講師、被德國教學主管稱為「專家」的人，去麥當勞應聘服務員，奇拉倒並不覺得委屈，畢竟去應聘的動機主要是練練法語，其次才是賺點小錢。

那家麥當勞的主管看到奇拉之後的第一個問題是：

「咦？您不是法國人？」

在邊提問邊讓奇拉填完簡歷表格之後，對方結束了面試，並友好地表示：

「謝謝您，我們明天之內就會通知您面試結果。」

由於對方表示確實需要人手，又說會在明天之內通知結果，所以奇拉還是挺有信心。面試過程中雖然有兩個問題沒有完全聽懂，但似乎還是做出了令對方滿意的回答。鑒於以上情況，奇拉覺得自己肯定會被錄用。

然而兩天過去了，一周過去了，根本悄無聲息。

六個月之後，奇拉的第一套二十萬字的小說（上下兩冊）在臺灣某大型出版社過稿，再過一個月，法國、臺灣之間來回郵寄合約的程序都結束了，麥當勞的通知還不知道在哪裡。

奇拉心裡真的受了內傷，不知道問題是出在自己不是法國人、錄用手續繁瑣，還是自己的法語不夠好，答非所問，以致於讓對方主管覺得這人很傻？

說實話，在此之前，會說漢語、英語、德語、法語和一點日語的奇拉，不止一次，也不止十次地因為法語不好，面對過法國人或輕蔑、或不耐煩的眼神和態度。

作為語言教學專業出身的大學講師，奇拉其實可以理解，一個除了自己的母語——法語，不再會說任何一門語言的人，對於別人怎麼可能聽不懂法語的詫異。

在奇拉的專業裡有這麼一個說法：

「不要因為學生的語言水準而低估了他們的智力，也不要因為他們的智力而高估了他們的語言水準。」

翻譯一下意思就是：一個人的某一門外語可能不好，但並不意味著他蠢；一個人可能智商很高、知識廣博，但也不意味著他的某一門外語就肯定說得很好。

但你不能要求某些只會說自己語言、可能一輩子也沒出過歐盟的法國人理解這一點。

與各國、各行業的人接觸多了，就會清楚地認識到，往往越是層次高的人，越有學識、視野越寬闊，也就越能理解和寬容別人的短板；而越是生活在狹隘的小天地裡的人，越覺得他自己理所當然會的東西居然有一個人不會，那這人絕對蠢透了。

奇拉不會忘記一位同樣是漢學系教師的臺灣同事王明給奇拉講過的經歷——某一日他在德國的肉鋪裡買豬肉，因為德語發音不標準而被賣豬肉的大聲嘲諷——更不會忘記講這件事時，王明臉上屈辱的表情。

奇拉也不會忘記自己德國的火車上，因為沒帶訂車票所用的信用卡，而被列車員大聲斥責說：「規定上已經寫得很清楚了，您不是會說德語嗎？您不是會說德語嗎？」言外之意是，您看到了規則還不遵守，不用狡賴了。而實際上，訂票規則有螞蟻大小字體的滿滿兩頁德語，奇拉確實沒看明白這一條。就算沒帶那張信用卡，需不需要非得這樣當眾大聲斥責一個外國旅客？這種時候，德語不好，說別的語言對方又聽不懂，你只好暗氣暗憋，連為自己好好辯護都做不到，被當作白癡加騙子一樣對待。

三年以後，某位經房東允許，持有奇拉家備用鑰匙的鄰居，因為奇拉樓下的房間屋頂漏水而擅自用鑰匙開門，想要進入奇拉家查看。奇拉擋在門口用德語義正言辭地講了（罵了）五分鐘，聲明他的行為絕對違法，表示自己要通知房東收回鑰匙，並要通過大學辦公室請律師來應對此事。德國鄰居嚇得面容失色，頻頻道歉，並在半小時後拿著一束花上來敲門，再次表示歉意。

你們大概看出來了，說到這裡奇拉的吐槽已經變成了聲討大會，分享著各種赤裸裸的血淚史。然而如果你跟一個外國人結婚，又決定去他／她的國家生活，那麼語言這個問題就是無法迴避的。即使你的伴侶能跟你在家裡說你的母語，你仍然得在邁出家門後使用外語，才能在社會中完成各種基本的生存任務。

需要說明一下的是，在奇拉住過的、去過的許多國家，友好的人都占多數，也有很多未必熱情，卻能保持禮貌的人。不過也必定會有一些艱難的時刻。在這些時刻，語言既是武器，也是盾牌。

前面的講述有點沉重了，這裡舉一個有趣的反例：

某日上午，老張的上班時間，他在還有其他同事的製冷機組設計部辦公室裡，接起了奇拉的電話。他聽到了自己的太太說：

「啊啊——嗷，嗷，嗷，嗷——（以下省略很多尖叫）」

話筒那邊沉默數秒，然後傳來了老張沉著冷靜的、工程師的腔調：

「投稿有消息了是嗎？」

「嗯——嗷嗷——啊，啊，啊——（奇拉繼續興奮尖叫）」

「他們要了是嗎？好的，好的，明白了。那我午休的時候給你打電話。」

「嗯嗯，嗷嗷，啊——」奇拉仍然在興奮狀態的巔峰，心滿意足地掛了電話。

所以你看，這就是一個反例。如果有人足夠瞭解你，知你所想，明白你心之所繫，又不會被你的嚎叫嚇到的話，嚎叫還是可以代替語言去滿足交際需要的。

順便說，老張正經的時候還是很酷的。

雖然他在家喋喋不休的時候，奇拉會把拖鞋朝他甩過去。然後他就把奇拉的拖鞋當足球踢來踢去，表演各種射門動作，奇拉一隻腳跳著，跟在後面邊罵邊追。

到孩子兩三歲以後，奇拉就很少甩拖鞋了。因為孩子不管本來在幹嘛，一見有熱鬧可湊，都會非常興奮地大笑著過來一起踢拖鞋。奇拉看老張大呼小叫地手腳亂揮，生怕他碰著孩子，孩子興奮追逐中也容易自己摔倒。老張亂叫，孩子大笑，奇拉追著跳。家裡立刻陷入大混亂。所以就不扔鞋了。

給你灌點「雞屁股湯」

語言這一篇講到這裡，奇拉要給各位灌點雞湯，確切地說應該是「雞屁股湯」。

有一次老張因事要從法國去德國，單程開車就得六個小時。奇拉怕他一個人開車危險，左右無事就跟他一起去。大清早五點起床，把孩子送到保母婭妮家之後，奇拉就坐在副駕駛座上睡了吃，吃了又睡。等到基本上吃飽睡足了，就開始跟老張瞎扯、閒聊。

車開到德法邊境的時候，忘了說到什麼話題，奇拉用了「嫉妒」這個詞，老張沒聽懂，奇拉就給他翻譯了一下。老張明白詞義之後還意猶未盡，要奇拉重複一下這個詞，他想把這個詞給記住。於是奇拉用標準普通話範讀道：

「嫉妒（jídù）」

由於老張十年如一日地視聲調如糞土，所以這個詞到他嘴裡就變成了：

「jīdù.」

然後這位咂著嘴對自己說：「這個詞怎麼那麼不好記呢？」

奇拉職業病發作，馬上對老張講道：「你就記住『雞的肚子——雞肚』，但第一個字應該是二聲。」

老張頗以為然，大贊奇拉聰明，然後重複了好多遍：「雞肚，雞肚，雞肚……」

兩天過去，老張開車帶奇拉返回法國，又開到德法邊境的時候，突然觸景生情，想起了自己兩天前在這裡學會了一個詞。可他想不起來這個詞是什麼了。

奇拉在一旁循循善誘，說：「第一個字是一個什麼動物……」

老張立刻興奮地大叫道：「雞！」

然後他開始自己琢磨到底是雞的哪一部分。

「雞胸？」他喃喃自語。

奇拉頓時爆笑。

「雞腿？」老張還在鍥而不捨地冥思苦想。

奇拉笑得喘不過氣了。

「雞翅膀！」

奇拉笑抽了。

看到老張很鬱悶也很沒面子的樣子，為了鼓勵他學習漢語的熱情，奇拉又重新誘導道：

「哎呀，你想的都是能吃的部位啊。這個部位一般我們不吃的。」

「啊！」老張恍然大悟，開心地大叫，聲音恨不能傳到馬路上別的車裡：

「雞屁股！」

老張就這樣開心地叫喊著「雞屁股、雞屁股」開過了德法邊境。

你們說，該說什麼好？

讓我們向他學習漢語的熱情與勤奮致敬。

說到這裡，又想起了老張和楊思語最經典的「上吊」笑話。

一次奇拉約了兩個中國朋友和思語來家裡，再加上老張，一共是五個人，在家玩三國殺（一種遊戲牌）。

三國殺裡有很多牌的名字都是成語，像是什麼：「無懈可擊」、「樂不思蜀」等等。思語的漢語水準很高，又長年練習中國功夫，什麼「白鶴晾翅」、「仙人指路」之類的詞他都可以信手拈來，所以牌名的意思他基本上都能懂。可老張本職是工程師，是工科出身，只進修過一年漢語。雖然漢語說得也不錯，但會的成語並不多。

打牌的時候，老張麻利地跟著出牌，打得挺好，出牌時也學著中國人的樣子喊出牌的名字。奇拉開始玩得投入沒注意，後來忽然轉念一想，像「無懈可擊」、「樂不思蜀」這麼高級的詞，老張怎麼可能順嘴就說呢？注意一聽，果然他的發音有點怪。聽過幾輪之後，奇拉才恍然大悟，頓時捧腹大笑。另外四個人都愣了。

原來奇拉仔細分辨後終於發現，老張之所以能煞有介事地跟著說，是因為他把自己不會的成語都「翻譯」成了自己會說的詞，而且還把發音做了模糊處理，乍一聽還真像那麼回事。「樂不思蜀」他說的是「蘿蔔撕書」，你說他得有多大的腦洞才能想出這個？「無懈可擊」他竟然說的是「不用客氣」！奇拉把老張的胡說八道戳破之後，大家都笑翻了，老張還振振有詞地說他是在用發音相近的詞幫助記憶。

打完牌之後開始隨便聊天，三個中國人一起聊，老張和思語也用漢語聊個不停。三個中國人聊天的間隙，忽然聽到這一德一法兩個人，在用漢語說：

「上吊很難。」

「對啊，上吊真的很難。」

我們三個中國人頓時驚呆了。怎麼他們居然一起討論上吊這麼詭異、消極的話題？還都覺得很難？莫非是都嘗試過？

三個中國人頓時誰也不說話了，彼此交換了一下詫異的眼神，然後豎起耳朵聽著。只聽老張又說：

「你還經常練習上吊，我從來不練習。」

「上吊還是很重要的，奇拉經常幫我練習。」

「練習這個也沒用，差不多就行了。」

「那也不能這麼說，我還是有進步，所以很感謝她。她有很多專業的方法，不是一直只會讓我模仿。」

一扯到奇拉幫助練習，奇拉就先明白了，頓時笑翻。

原來法國人本來就很容易把-ang和-eng搞混，所以老張把sheng說成了shang，再加上他又從來不在乎聲調，所以一聲也錯說成了四聲——他們說的其實不是「上吊」，而是「聲調」。思語本來漢語水準挺高的，這裡可能是談得興起就沒注意發音，被老張帶跑了就跟著胡說。最可笑的是，這兩個老外居然還能互相明白。

奇拉給兩個中國朋友解釋以後，他們才恍然大悟，三個中國人一頓狂笑，把老張和楊思語都給笑傻了，目瞪口呆不知道我們為什麼突然爆發出大分貝狂笑。

哎，扯遠了……這有笑有淚的一篇講完了，最後還有幾句真雞湯：

對於想要去異鄉生活的人來說，語言也許真是個大問題。然而幸運的是，語言是一個工具，它也只是一個工具。也就是說，如果你不會使用這種工具，下定決心去學就行了！

確實一些先天上的缺憾很難透過後天努力彌補，例如你的個子很難長高、減肥困難重重等等，但如果你真心想學會一門語言，去報個可靠的語言班，只要按部就班地學習語法、積累詞彙，每一點努力都不會是徒勞無功。

3.飲食及生活細節

醬油色的食物不是食物

跨國婚姻的相關書籍裡常常會提及因為飲食習慣差異所造成的各種趣聞，因為飲食是婚姻生活裡最日常，也最顯見的問題。奇拉嘗試從更細節處，帶你一覽跨國婚戀中的吃喝瑣事。

初到法國時，奇拉認識了一位中國南方女人郝英，人很有個性，說話也直率、辛辣。奇拉春節時偶爾會去她家參加年度大聚會，每次都是一進屋就看到圍坐了一大桌子的中國女人。郝英下廚做大餐，大家也每人帶一道拿手菜：糖醋排骨、檸檬雞、海帶燉肉、醬肘子……再一起包一頓大餡兒餃子。那種鄉音的喧嘩與熟悉的美味總能慰藉一顆顆久居異鄉的漂泊心。

在奇拉眼裡，郝英絕對是位戰神級的媽。原因是她有四個孩子，大點兒的一個男孩兒和一個女孩兒都已經超過十歲，是跟已逝的前夫生的。定居法國後，前夫去世，她又帶著兩個孩子找了第二任丈夫丹尼爾——一位法籍的突尼斯人。奇拉在法國認識她的時候，她已經跟丹尼爾生了一個男孩兒，剛剛一歲。三年後，她又再生了一個男孩兒，用她的話說是為了兩個孩子能作伴一起長大。

對於這種生孩子的勇氣，奇拉絕對敬佩無地，這輩子都頂禮膜拜，估計下輩子也趕超不了。如果你不明白奇拉為什麼這麼說，那估計你是還沒結婚，或者結婚了還沒有孩子。如果你有孩子，大概就能心領神會，並且像奇拉一樣佩服郝英三十七、八歲的年紀，在異鄉又生了兩胎的勇氣。這裡略過奇拉生孩子的二十萬字血淚史，繼續說郝英。

每次去郝英家參加聚會，很多中國女人也會帶上自己的法國丈夫，所以飯桌上的情形一般是一群中國女人用漢語肆無忌憚地聊自己的，法國丈夫們用法語聊他們的。因為這些法國丈夫（除了老張以外）都聽不懂漢語，或者只會極少幾句，所以都直接被排除在中國女人的談話之外，他們就自己湊到一起吐槽自己老婆去了。

去了幾次之後，奇拉發現一件奇怪的事，就是郝英的丈夫丹尼爾極少在聚會中出現，偶爾露個面，也就是說個「Bonjour（你好）」，然後就又出去了。做飯的時候他不在，吃飯的時候他還不在。等到跟郝英比較熟了，奇拉就問她：

「你老公是不是嫌我們吵啊？吵得他都不回來吃飯了。」

「甭管他，他自己出去吃披薩。」郝英一臉不在乎。

「這麼一大桌好吃的，他還出去吃披薩？」奇拉看著飯桌上正在胡吃海塞中國菜的老張，有點驚訝地問。

「他不吃這些？」

「啊？」

「我跟你說吧，醬油色的東西他都不吃，他只吃紅色的。」郝英非常有總結性地吐槽道。

「什麼意思？」奇拉還沒太明白。

「他們家鄉的菜一般都是番茄醬的顏色，所以中餐裡只有醬汁是紅色的菜，他還願意嘗嘗，而且也不一定喜歡。其他像咱們紅燒的、或者醬爆的等等，都是棕色的嘛，就是醬油色的，他就連嘗也不願意嘗，他覺得那都是東西壞了才是那個顏色。」

奇拉當時就震驚了。媽呀，這可真是入寶山空手而歸，郝英做的糖醋排骨真的是一絕，各種滷品也不遑多讓。娶了一個這麼會做飯的中國老婆，卻連嘗也不願意去嘗那些醬油色的菜。丹尼爾先生絕對不知道自己錯過了什麼。

「那你們倆日子怎麼過呀？」奇拉不解地問。

「就這麼過唄。我有心情的時候就給他做他願意吃的，或者做漢堡、牛排之類的西餐，沒心情的時候我就做我和孩子們想吃的，讓他自己吃披薩去。」

「那他沒意見呀？」

「切，我管他有沒有意見呢。不吃活該。」郝英衝著家門口披薩店的方向翻了個白眼。

夫妻兩個吃不到一塊兒，其實不是只在跨國婚姻裡存在的問題。就像在中國一個北方人要吃麵食，南方人要吃米飯，或者是一個辣不沾唇，一個無辣不歡……只不過跨國婚姻裡的「飲食不合」總有些更奇葩的理由。只要是醬油色就不吃，這個已經蠻神奇，不過其實你的異國伴侶還可能有更多令你瞠目結舌的奇葩飲食習慣。

我愛你……所以給你吃那些不能吃的東西

記得剛跟老張在一起的時候，奇拉還不太會做西餐，一次老張買了一塊蠻貴的小牛肉（Veau）牛排，奇拉做飯的時候正好要炒蘑菇沒有肉，就把他那牛排切成小塊，給炒了蘑菇。

吃飯的時候，老張就開始找他的高級小牛肉牛排，遍尋不見就問奇拉：

「我買的小牛肉牛排，你沒做嗎？那個比較高級，應該快點吃，別放壞了。」

「我做了啊。」奇拉心不在焉地回答。

「啊？」老張頓時懵了。

「在炒蘑菇裡。」奇拉毫無罪惡感地指著炒蘑菇裡的小牛肉丁說道。

「啊!?」老張頓時急了：「你把那麼好的牛排給浪費了。」

奇拉一聽也急了：「我做成中國菜就是浪費了？吃到你嘴裡怎麼是浪費了？我又沒給扔到

地上！我下了班辛辛苦苦給你做飯，你還說我浪費了？下次你的東西你自己做，我不管了！」

老張一聽當然也覺得自己似乎有些用詞不當，趕緊說：

「這不是我的意思。我的意思是說像這樣的、比較好的牛排，我們都是煎著吃，而且不會吃全熟的。像我一般吃saignant（五分熟）的，也有人吃更生一點或者更熟一點的，不過通常很少有人吃全熟的，因為全熟的肉就硬了，口感就不好了。」

奇拉也覺得自己反應有點過大，畢竟自己不熟悉西餐的做法，況且漢語又不是老張的母語，詞不達意或者用詞不當的情況還是偶爾會發生，可能他本來想表達的意思未必有很多貶義或者責備的意思。

後來奇拉便學著煎牛排：自己的牛排要煎得幾乎全熟，老張的牛排又得是半熟，所以奇拉就把他的煎到一半提前拿出來。等老張一吃，又委婉地表示不滿，因為他覺得等奇拉的牛排煎好，他的牛排已經涼了。他說牛排就得趁熱吃，不能吃涼的。於是經過再三練習，奇拉終於學會了把老張的牛排後下，然後兩個牛排同時煎好趁熱吃，並且能熟練地把老張的牛排煎成他想要的半生狀態——一塊牛排切開，橫截面的中間一小半是紅色的生肉，兩邊兩層是淡棕色的熟肉。

牛排是西方玩意，弄不好也就算了，可你不會想到連煮麵條都能出問題。法國這邊的麵條基本上都是那種有點半透明的、硬硬的義大利面，跟中國的掛麵還不太一樣。奇拉煮的時候就按中國掛麵那麼煮，老張卻總嫌煮得太熟了。雖然基本上也會不動聲色地吃下去，但很明顯他的法國胃口並沒有得到滿足。

奇拉就讓老張煮了一次他覺得最好的麵條給奇拉吃，奇拉吃了一口就明白了——原來他想吃的是對奇拉來說還沒煮熟的麵條。

等到奇拉熟練掌握諸多西餐技能，並且把老張的奇特飲食習性爛熟於心的時候，老張開心得不得了，奇拉卻總結出了一句神吐槽：

「感覺你最開心的就是我做各種我覺得不能吃的東西給你吃啊。」

老張會欣然吞下的「不能吃的東西」還包括：

藍紋臭乳酪

各種臭乳酪

一種叫做「Tartare」的菜

……

Tartare的中文翻譯是「韃靼牛肉」。這道菜是生牛肉餡混合洋蔥等香料做成的，那涼絲絲的、黏膩的生肉口感以及生牛肉味道混合了各種香料味，上面再打一個稀湯掛水兒、黏黏糊糊的生雞蛋，攪和在一起成為一坨……看著老張津津有味享用美食的樣子，奇拉也真不是沒嘗試過，憑良心說味道其實也還好。不過鑒於奇拉心理以及腸胃的承受能力，在法國多年也就嘗過這麼一小口而已。

至於臭乳酪，那需要專門花兩個段落來吐槽。如果老張在冰箱裡放進一塊開了封的臭乳酪，那麼當奇拉打開冰箱門的時候，撲面而來那味道讓奇拉覺得自己打開的，不是自家冰箱的門，而是高中軍訓時那扇記憶中的藍色油漆木門——木門的後面是沒有遮攔的十幾個水泥廁坑和地上滿滿蠕動著的白蛆。好吧，這裡需要說句公道話：法國乳酪的種類極多，也有不少挺好吃的乳酪……所以奇拉不明白，老張為什麼非要買發臭的。

奇拉有一次跟婆婆吐槽了自家冰箱的味道，婆婆很能理解。因為她雖然身為地道的法國人，卻除了白乳酪（fromage blanc，一種口味介於優酪乳和奶油之間、幾乎沒什麼味道的乳酪）以外，不吃任何乳酪。婆婆譴責了她兒子之後，過兩天就送來了一個法國專門裝乳酪的密封盒子。而老張看到這個盒子後說的第一句話居然是：

「哎喲，太好了，我們可以用這個把奇拉的臭韓國泡菜裝進去，這樣我們的冰箱就香了。」

如此大言不慚，你們說他是不是欠扁？奇拉一年只有五天會吃辣，一年最多也就買一袋韓國辣白菜吃上幾天。天天吃乳酪的人還敢吐槽泡菜臭？

韓國泡菜

另一方面，老張覺得奇拉會欣然吞下的「不能吃／喝的東西」有：

日本綠芥末

老北京豆汁

香菜

粥

熱水

前三樣也就算了，畢竟在中國也不是人人都喜歡。香菜雖然也有中國人不吃，可是老張對香菜味的厭惡簡直是登峰造極。連別人盤子裡有香菜，他都幾乎要退避三舍。他的名言是：「這菜怎麼可能叫香菜？應該叫臭菜。」

至於粥，對老張來說問題是：第一，這裡面什麼都沒有，這是世界上最便宜的菜；第二，什麼味道都沒有，吃起來口感還怪怪的。這些都是老張說的莫名言論，奇拉也懶得吐槽。

熱水的問題是，「熱」和「水」這兩個概念在老張的大腦裡沒法結合成一個概念。他覺得水就是得喝涼的，熱水沒有味道，又熱呼呼的，喝起來很噁心。水如果是熱的，裡面就應該泡東西，比如說：咖啡、茶。如果只有熱水，那就是一個奇怪東西。

老張並不是唯一一個這樣想的西方人。根據奇拉在德國和法國的生活經歷以及帶父母自駕遊歷歐洲的經驗來看，除了在中國飯館以外，在別的地方你想要一杯熱水，那就得做好面對一張寫滿十萬個問號臉的心理準備，還得提前想好怎麼解釋「熱水」這個概念。一般比較實用的說辭是「請給我一杯沖茶用的水，可是裡面不放茶」，這樣服務員才能聽明白你想要喝什麼奇怪東西。在把你當成傻瓜加奇葩之後，能給你端來一杯熱水。如果你懶得解釋，那就點杯茶吧，跟服務生說茶包你自己放進水裡，不用他代勞。這樣你就能得到一杯熱水，外加一小袋的茶包。

如果你退而求其次，涼水就行，那你可以要一杯「不加冰」的水，或者要「室溫」的水……你要是啥外語也不會說，為了你的中國胃著想，還是自帶一保溫杯的熱水吧（最好向服務生確認該餐廳允許自帶飲料）。

若干年前，在奇拉剛跟老張在一起時，家裡如果是老張做飯就是做西餐；如果是奇拉做飯就是做中餐，只要沒放香菜之類對方絕對不吃的東西，基本上不管中餐、西餐，兩人就都能接受。可是奇拉懷孕的時候，這種狀況就被打破了。在那聞到三千里以外的油煙味都能劇嘔的幾個月裡，本來能吃進去並保持不吐出來的東西就不多，想要吃的還都是中餐。想吃中餐還不能自己做，只好由老張來做，可老張當時的中餐水準是只會吃、不會做。

經過幾次奇拉邊嘔邊比劃的場外指導，老張終於get到了做中國菜的精髓。他用他工科生的腦子梳理之後，做所有中國菜的步驟都變成了：

倒油——爆香——放食材——放醬油——好了。

後來熟能生巧，加上還學會了放料酒和燜煮技巧，終於能像模像樣地做出紅燒雞腿、紅燒蝦之類的高級菜。一次奇拉的媽媽來吃飯，吃了他做的紅燒蝦，完全以為是奇拉做的，還問奇拉：「你不是聞不了油煙味嗎？怎麼能自己做菜了？」老張聽了這話，臉上當時就樂開了花，沾沾自喜了好幾天。從此老張做中餐就一發不可收拾，幾乎跟奇拉的西餐技能以同樣的速度節節攀升。家裡的餐桌上還出現了很多中法結合的菜式，雖然中不中，法不法，可是兩個人都喜歡。

思語的購物袋和「程繽box」

在飲食方面，楊思語和程繽是奇拉見過的最和諧的中西情侶。思語吃素，雖然他偶爾也吃雞蛋、甚至是壽司，算不上真正的素食主義者（素食主義者不吃肉，而嚴格的素食主義者通常不吃任何動物製品，比如：所有肉類、雞蛋、牛奶等），但他吃素的歷史由來已久，從奇拉認識他開始，他就一直每天吃沙拉、水果、麵包之類。程繽是中國湖南人，從小就屬於無辣不爽且無肉不歡的那種。本以為他們絕對吃不到一塊兒，卻沒想到兩人開始在非洲某國的同居生活後，程繽對於思語環保、自然的生活理念深以為然，嘗試著跟他一起吃素後，感覺身體和腸胃的狀態都較從前好了很多，於是從此也毅然踏上了素食的道路。

兩人每天的菜譜就是變著花樣的各種沙拉、土豆餅、土豆泥、水果和乳酪，偶爾也炒些素菜。他們家的沙拉基本都是用油醋汁來調味，據說家裡有各種各樣用來調沙拉的油：橄欖油、核桃油、榛子油、迷迭香橄欖油、芝麻油……這樣的飲食，兩人都很滿足，也覺得很健康。

所以思語從來沒對奇拉吐槽過飲食方面的事，可在生活細節上就槽點多多了。

最小的吐槽點是程繽每次進門鞋子就亂扔。每次思語只要進門，鞋子都會成雙擺好，可是程繽都是這兒扔一隻，那兒扔一隻。思語每次看了都很鬱悶，每次都會在心裡糾結——他對奇拉是這樣講的：

「我是該每次提醒她自己放整齊，還是乾脆去給她把鞋擺好？如果我去給她擺鞋，那這就永遠沒完沒了，她永遠不會養成自己把鞋子擺好的習慣；可是如果每次提醒她，我又會覺得非常麻煩，她也會很煩，所以這方面我真的還沒想到一個好辦法。」

說真的，奇拉聽了都替他心累……

鞋子亂扔就算了，反正也不會扔太遠，要穿的時候總是還找得著，可是很多小東西如果亂放，之後要用的時候就真的找不到了，比如說：剪刀、指甲刀等等最常用的生活小工具，如果每次用之前都需要花十五分鐘去找，還不一定找得到，那這種情形絕對可以把人逼瘋。

奇拉家的情況是：奇拉每次都把特定的東西放在固定的地方，只要沒有人亂動，即使幾個月之後，奇拉還可以記住自己是放在哪裡的，需要的時候可以走直線過去拿，耗時最多一分鐘。可是有老張在，這個事情就變得複雜了。比如說指甲刀吧，老張很聰明，知道奇拉每次都會放在一個小藍盒子裡，所以他老人家每次想要剪指甲，都去那裡拿，一拿就有，非常便捷。可是剪完指甲以後，他老人家就會非常寫意地把指甲刀放在各種出其不意的地方，比如說：洗手間的架子上、洗手間的櫃子最上面一層奇拉踮起腳尖也看不到的地方（老張個子比奇拉高很多，奇拉跟他的視線不在一個水平面上。他伸手就能夠到的地方，奇拉得踩凳子才能看到）；廁所手紙旁邊、外面院子裡的桌子上……只有你想不到的，沒有他扔不到的。結果是，奇拉每次放在固定的地方，可是每次去那裡都找不到，還得在屋子裡撒下天羅地網四處搜尋，才能在莫名其妙的地方找到老張亂扔的指甲刀。等找到指甲刀，也沒時間剪了，因為下面還有做飯／哄孩兒睡覺／接孩兒回家／洗、晾、疊衣服等等一百件事等著。把時間浪費在毫無意義的尋找上，奇拉實在難以忍受。整件事情最逗的地方是，偶爾老張要用指甲刀，而上次是他自己亂放的，他自己找不到，結果呢？他來問奇拉，指甲刀在哪裡？Excuse me?

思語對奇拉以上義憤填膺的吐槽感同身受，同意到就差熱淚盈眶了。在他們家裡是程縯亂放東西，他找不到。他也常常能發現程縯的東西出現在各種不對的地方，程縯如果到處找不見自己的東西，最後就會來問他。

思語把他深思熟慮以後找到的解決之道告訴了奇拉。他說他要設立一個「程縯box（盒子）」，以後只要他在家裡不對的地方看到了程縯的東西，比如說：在廁所水箱上的眼鏡、在洗手槽旁邊的化妝品……他都拿起來，丟進「程縯box」。程縯只要有任何東西找不到，就去

「程繽box」裡找，然後再由她自己把這些東西放回應該放的地方。奇拉聽到這個天才的解決方案剛要欣喜若狂，思語最後一句話又讓奇拉洩了氣。他說：「我覺得『程繽box』絕對會是一個行之有效的辦法，現在唯一的問題就是我不知道這個box需要做多大。是一個鞋盒子那麼大呢，還是一個衣櫃那麼大，還是需要一整間房子那麼大的空間？」

認識思語十年，奇拉本來覺得思語只是喜歡整齊、比較有條理罷了，然而最近第一次跟他一起去超市買東西，奇拉才見識了德國人的「整齊」和「條理」（也不是所有德國人都這樣）。那次買了好多東西，奇拉拿出了兩個大購物袋，因為覺得一個肯定裝不下。超市收銀員一邊「嗶」，思語一邊往袋子裡裝，等奇拉擺好購物車湊過去幫忙時，思語已經裝了半袋子的東西。奇拉拿起兩瓶果汁，剛要往袋子裡扔，瞅了一眼，又充滿敬畏地把手裡的東西放下了——因為裡面擺得實在太整齊！各種形狀的貨物都在最合適的位置，整個袋子裡就像放著砌得整整齊齊的磚牆一樣，就算是奇拉想要好好擺，都不知道應該放在哪兒，哪裡還敢像平時一樣所有東西都往袋子裡亂扔，扔滿一個袋子就換另一個袋子？

還有一次思語和程繽來奇拉家小住，思語想要晾他們剛洗好的衣服，可是外面兩公尺長的折疊晾衣架上都放滿了奇拉和老張的、已經曬乾的衣服。奇拉正忙著做飯，實在來不及去收，便對思語說：「你幫我收進來行嗎，然後你再晾你們的。」思語說：「沒問題。」

等奇拉做完飯，拖著兩條疲憊的腿來疊衣服時，赫然看到沙發上整整齊齊地擺著一疊見稜見角的方塊兒——思語收回來的所有衣服都已經疊得無比整齊。奇拉看著一摞方整如積木般的衣服，頓時感動得想哭。奇拉跑去問程繽：「思語平時在家都這麼收衣服嗎？還是只是在我們家客氣？」程繽習以為常地說：「他都是這樣的啊。」奇拉扭頭看看老張，完全無語——因為平日裡如果奇拉對老張說：「你幫我把衣服收進來吧」，老張都會爽快地答應，然後在抱回來的時候把所有衣服團成一團，這團衣服放下之後，還能天然保持住曾被抱在老張懷裡那種蜷曲皺褶的樣子。而最重要的是，這團衣服如果能被放在奇拉能找到的地方，已經是阿彌陀佛了，有時候它們會出現在車庫的桌子上或者什麼難以想像的地方，奇拉要疊衣服之前還需要先尋找。唉，你說都是收衣服，收衣服和收衣服怎麼就那麼不同呢？

好吧，請原諒奇拉假公濟私地吐槽了這些未必是跨國婚姻中才有的問題，不過不能否認這些問題真的是些讓人抓狂的小事。思語的處理方式是用思考去化解抓狂，努力找到最佳解決方案，而在下一節裡的另一位以色列的中國女婿卻把這些小事看作是生活中的樂趣，「就當是給生活加點料。」

最逗的採訪：「給生活加點料」

以色列人列特和山東姑娘李潔十年前在北京相識，戀愛四年多以後在北京結了婚，到奇拉寫書的時候，他們結婚已經快六年，也有了一個一歲多的兒子，目前一家三口住在以色列。列特和李潔是通過朋友介紹，接受了奇拉的隔空採訪。奇拉先是跟李潔語音留言百十條，又在某個晚上他們的兒子睡後，電話跟他們兩人一起聊了好幾個小時。

奇拉一般採訪情侶或夫婦，都希望能兩個人分開單聊，因為有兩種情況是奇拉想要極力避免的，一是兩個人同時採訪，萬一觀點不同，或者觸及兩個人生活中的矛盾點，說著說著就容易吵起來，這時奇拉就會非常尷尬，特別有罪惡感；二是兩個人有時候會只有一個人說個不停，另一個只說「嗯嗯，是是，對對」，奇拉就只能聽到一方的感想和觀點，不免有失偏頗。

列特和李潔是少有的奇拉同時採訪兩人，還能聽到兩方的想法，並被他們的互相吐槽搞得大笑不止的一對夫妻。列特是以色列人，中文很好，目前的職業（跟李潔一樣）是以色列的中文導遊。接受電話採訪的時候他一直都說漢語，並未稍顯滯澀，即使是奇拉以專業的眼光去評判，他的漢語水準也是相當不錯。

他們家裡的大概情況是，李潔大咧咧，列特很有條理。比如說每天李潔做完晚飯，列特會跟在她後面把廚房全部收拾一遍，所有東西歸位，一應器具擦抹乾淨。他家用了五年的電飯煲，朋友去做客時看了以為是新買的。列特的清潔能力由此可見一斑。剛結婚的時候李潔每天洗碗，然後她發現列特會把她洗過的碗挨個兒舉起來在燈光下面一照，然後有的放下擺好，大部分再放進水槽裡重洗。

「他天天這樣你不鬱悶嗎？」奇拉被「挨個兒舉起來在燈光下面一照」這個描述戳中了笑點。

「不鬱悶啊。」李潔不在乎地說：「剛開始的時候他這麼做還會臉上很不好意思，看一看我，然後把碗重新放回水槽裡。後來就不會不好意思了，不乾淨的直接扔回去重洗。」

「那你幹嘛這樣啊，李潔不是很沒面子？」奇拉問列特。

「我沒什麼別的意思，我就是想用乾淨的碗吃東西。」列特一字一字地說。

「那你們現在還天天這樣？」

「現在肯定不這樣了，」李潔說，「現在我就放棄了，都是他洗碗。我幹嘛呀，我還費勁，還浪費水，最後他還大部分都重洗。那我直接就不洗了唄，讓他洗。」

「那他呢？沒意見？」

「沒意見啊，現在我們家都是他洗碗。」李潔說。

「你沒意見？」奇拉又問列特。

「那我有什麼意見呢？那就我洗唄。」聽起來列特也真的不生氣。

「你這倒真是不錯。」奇拉對李潔說：「很多男人的行為模式應該是：他覺得你洗得不乾淨，他過來批評指導，然後讓你重洗。你們家好，是他重洗，最後都成他洗了，他也沒意見。我估計你們生活細節上也不會有什麼矛盾吧。」

「不是啊，我們也有吵架的點。」李潔給奇拉講了他們吵架的方式。

「本來我以為吵架應該是那種很『血腥』的場面，兩個人情緒激動地互罵的那種，你知道吧？」李潔給奇拉講：「可是你知道我倆是怎麼吵架的？」

「不知道。」奇拉等著聽。

「你跟你先生不吵架？」李潔忽然問。

「吵不起來。法語我明顯吵不過他，我不能傻到用法語跟他吵架；用英語、德語的話我倆都不是母語，吵起來還得一邊吵一邊討論這個語法這麼說對不對，太有喜感，肯定得笑場。只能用漢語吵，可是如果想讓他完全聽明白還得放慢點語速、不能用高級的詞，不然還得一邊吵一邊給他解釋這個詞是什麼意思。基本上開口吵第一句以前就已經放棄了。」

「哈哈哈！」李潔笑了半天，然後說：「我們倆是，兩個人都坐下來，各坐在沙發的一頭兒，然後像唐僧一樣地叨念，你說我什麼地方不好，我說你什麼地方不好，一直念兩到三個小時，最後體力上不行了，累到不明白為什麼因為這麼點兒事生氣？還是趕緊洗洗睡吧。而且我們吵架還有一個規則，就是不能打斷對方，得等一個人說完了，另一個人才能說，然後列特每次都說得特別長，我都記不住他都說我什麼不好，為了記住他說了什麼，我都給他錄音，然後再一條一條給他講回去，不然記不住的話就無力反駁了。」

奇拉聽到錄音這裡已經開始爆笑：「我能問一下你們用什麼語言吵架嗎？」

「中文、英語都吵。不過絕大多數還是用中文。」

「列特用中文發言，還能長到你得錄音才能記住他說了什麼？那他的中文表達能力得多強啊！」奇拉真覺得這兩個人太逗了：「感覺你們的吵架特別平靜啊，你都不會情緒激動、不會哭的嗎？」

「會啊！我這個人淚點特別低，基本上吵架從開始就一直在哭，兩三個小時裡都是我一邊擦鼻涕抹淚，一邊聽列特擺事實、講道理。而且他這人說話特別囉嗦，人家舉例說明都是證明一件事情舉一個例子，列特是舉十個例子反映一個事實。他平時也特別囉嗦，一件事他能問五六遍。」

奇拉聽到這裡已經笑出了眼淚，根本無力提問了，完全任列特跟李潔自由發揮，互相吐槽。

「是啊是啊，我是一件事問五六遍，那你還得跟她說清楚我為什麼得問五六遍吶。」列特立刻接過了話茬，然後對奇拉說：「我平時要問李潔一個問題，得用一個『民主主義』的辦法，然後看平均多數的回答是什麼。比如說：

『李潔，你喝咖啡嗎？』

『喝。』

『你喝咖啡嗎？』

『不喝。』

『你喝咖啡嗎？』
『不喝。』
『你喝咖啡嗎？』
『喝。』
『你喝咖啡嗎？』
『不喝。』

這樣『不喝』占多數，那就可以理解成她的意思是不喝。」

「沒有那麼誇張吧？」奇拉捏住臉頰上已經笑酸了的笑肌問。

「就是這麼誇張。我跟你說，比如說，我們做導遊嘛，我常常需要知道她一天花了多少錢，因為要記帳。晚上回來我就問她：『你今天花了多少錢？』

李潔就會回答：『一百。』

那我就請她說一下這一百都是什麼錢，她就會說：『我帶團早餐花了三十謝克爾，中午飯花了六十謝克爾，然後給每個人買門票花了四十謝克爾。』

我就會開始鬱悶了：『你這個三十加六十加四十是怎麼出來一百的？』

然後李潔會說：『哦，對了，最後還給每人買了一個小紀念品，還花了五十。』

於是我就會用強調的語氣再問一次：『請你告訴我你從今天早上出門，開始，到晚上，進家門為止，一共花了多少錢。』

一般我開始這樣問的時候李潔就已經開始生氣了，覺得是我在對她不耐煩。可是我只是需要知道一個準確的數字呀。」

「那比較好是保留所有的收據一起交給你，這樣她就不必自己記住那些數字了嘛。」奇拉一邊笑到不行，一邊試圖提供些有益建議。

「對呀，當你把這個好辦法介紹給李潔的時候，她也會接受。然後問題是，過了幾天，她又會忽然給你一張前天的收據說：『哎喲，我忽然找到的，前天忘記給你了。』」

奇拉已經笑趴在桌上爬不起來了，半開玩笑地對列特說：「感覺你的生活好不容易啊，吵架還得用中文長篇大論兩個小時，問個問題還得用『民主主義』的方式。你不會覺得自己很慘嗎？」

「哎呀，」列特忽然換了溫柔又充滿笑意的語調說：「這些都是生活的樂趣嘛，要不然生活多無聊？這就是『給生活加點料』。」

再後來聊到在以色列的生活，李潔說她最不習慣的地方，一個是飲食方面——那裡華人超市非常少，很難買到關於中國的任何蔬菜、調料等等，李潔也沒了做飯的興趣，現在的做法也是越來越簡單，什麼東西都是用水煮一煮，就那樣吃了，而且還是「就那幾樣菜來回做」。第二個不習慣的是以色列人的直脾氣，沒有耐心、不能忍、不能等，稍有不滿馬上就出言抱怨，她把這叫做以色列人的「爆竹性格」。一次她在路邊停車，旁邊的路人覺得她停的地方不對，馬上走過來敲車窗跟她說。習慣了中國的含蓄，自然會對這種直來直去感到不習慣。

結束了對列特和李潔的電話採訪，奇拉深深感受到婚姻中的寬容與愛有多麼重要。

界限感與獨立人格

剛跟列特開始戀愛的時候，李潔心裡有一個不成文的觀念，總覺得既然戀愛了，那我們是男女朋友的關係，當然就可以共用很多東西，所以有時會不打招呼就用列特擺在桌上的電腦或手機。列特看到會很不高興，認為李潔不夠尊重他。他認為李潔用以前應該先問他，因為這是他的東西，他可以決定別人能不能用。李潔會說：「可是我們是在一起的呀。」列特卻說：「這不衝突。」列特強調如果李潔先問他，他一定會同意她使用他的東西。問題不是可不可以用，而是有沒有提前獲得許可。

這樣的界限感曾一度讓李潔非常不適應，這應該是戀愛初期，兩個人在戀愛觀念上的差異。不過奇拉卻由此想到了一些其他關於界限感的問題。

在家庭關係裡，中國人似乎普遍缺乏界限感。很多父母過多地替孩子做生命中的重大決定（往往是強制孩子接受），比如說：報哪個大學、學什麼專業，找什麼樣的戀愛對象、跟什麼人結婚……孩子成家後還過多參與、干涉孩子小家庭的生活，有意或無意地用各種方式試圖控制孩子，給自己「孩子還是離不開我」的心理安慰。父母首先沒有精神獨立，在潛意識裡依賴孩子，從孩子對自己的依賴中（而不是從自己的工作、愛好中）尋找自己的價值，這樣孩子的精神獨立進程就會受阻，最終很可能成為被閹割了獨立意識的巨嬰。

在西方，定義一個人，更傾向於把他作為一個獨立的個體來定義，假如一個小孩子抬腳一球把人家的窗戶玻璃踢碎了，大人出來最可能先問的第一個問題是：「你叫什麼名字？」而在中國文化的氛圍裡，卻通常是在人際關係中定義一個人。同樣是被一個陌生的孩子踢碎了窗戶，大人們一出來最可能先問的問題是：「你是哪家的孩子？你是哪個學校的？」。

你是誰的子女？誰的丈夫／妻子？在哪個地方上班？住在哪裡？人們更關注你在人際關係網的定位，而不是你作為一個獨立人的特質。這就導致了在脫離人際關係網時（比如去到一個完全陌生、沒人認識自己的環境中，或者在脫離所有人視線、沒人能看到的時候），人就處在無法自我定義的游離狀態，就覺得自己解除了束縛，可以為所欲為，以致做出些未必光彩的事情。

一個人，無論在哪裡，都首先應該是一個意識獨立的人，有清晰的、不依賴人際關係的自我定義——我是誰，我是怎樣的，我該做什麼，我的底線在哪裡。有了不依賴於外界的自我意識和自我定義，有一份自己對自己的認識與尊重，就不容易因為外界的可乘之機而做出不可告人之事。

深層衝突一：稱呼

跨國婚姻中文化衝突的細節不只存在於飲食這樣外在的方面，也有些衝突的細節能夠反映更深層觀念上的差異。

在婚姻觀念一篇曾提到過的加拿大籍中醫師齊仲生，雖然是華裔，卻仍然在婚後改變對岳父、岳母稱呼的問題上經歷了艱難的妥協。剛結婚的時候，太太施揚提出了要他改口叫「爸、媽」，而不能再叫「叔叔、阿姨」，可是齊仲生認為「最難的就是這麼叫，很彆扭」，「因為這個人她不是你的媽媽」。可是他也一直知道施揚以及岳父母一直都特別期待他能這樣叫，終於第一次艱難地叫出口時，施揚的母親哭了。

各人看重的事情本就不同，文化上的觀念也沒有誰對誰錯，為愛而做的艱難妥協更是人生的偉大修煉。奇拉只是心懷深刻感激地憶起爸爸曾經說過的兩句話：

一句是十年前奇拉平生第一次準備出國的時候（要去德國的大學赴任，任期兩年，當時沒有男朋友），爸爸在臨行囑咐中提到了奇拉未來找男朋友的事，他說：

「不管哪個人種，什麼顏色，只要真心對你好，我們都沒意見。」

奇拉跟老張結婚以後，老張一直對奇拉的爸媽叫得含含糊糊，反正各種半開玩笑的稱呼，卻是沒正經叫過「爸媽」。奇拉問過老張能不能改口，他雖沒斷然拒絕，卻也表示了非常勉強。於是一次，奇拉私下裡懷揣著十二分心驚膽戰問了爸媽，是否介意老張不改口叫他們「爸媽」。爸爸是這麼答的：

「這些形式上的事都不重要，不用勉強。只要他人好，對你好，別的我們都不在乎。」

說實話老張在某些事情上會極其固執，奇拉不覺得自己的功力高到能夠不戰而屈人之兵。被一句話免了世界大戰，確實很幸運。

深層衝突二：表達感受？詢問感受！

在觀念上的文化差異不僅僅體現在對對方父母的稱呼上，更是滲透在跨國婚戀的各個方面。一次楊思語從非洲給在法國的奇拉打電話時，提到了一件讓他百思不得其解的小事。

「有時候程繽做的事讓我特別不明白。」

「比如說？」

「比如說她洗完碗以後，非要把碗正放著。」

「這有什麼問題？」奇拉覺得莫名其妙。

「可是在德國，我們洗完碗肯定是要倒扣在碗槽旁邊，把水瀝乾，然後才收起來。她那樣正放著，裡面總有水，什麼時候才能瀝乾淨？」

「可是在中國，好像我們都是正著放的啊，我洗完碗也是正著放啊。」

「那為什麼你們都正著放？」

「應該就是習慣嘛，好像大家都這麼做。」

「可是這個習慣沒道理啊。就是應該倒扣著，這才有道理啊。」

「可是你們歐洲自來水管裡的冷水是可以直接飲用的，又不是有毒，有點水留在碗裡到底有什麼問題？」

奇拉這樣一問，思語也有些啞然。電話那邊沉默了一下，顯然是在思考自己認為理所當然的行為到底有什麼合理性。與此同時，奇拉也想了想，為什麼自己覺得需要把碗正著放。

「嗯，」奇拉先開口解釋，「我覺得可能跟中國人吃飯的方法有關。你們德國人吃西餐只能用叉子叉起來，把盤子端起來湊到嘴邊吃是不禮貌的，所以盤口一般不會碰到嘴；而中餐吃飯、喝湯的時候，碗口都會接觸嘴，所以希望碗口一定要保持乾淨，當然是把碗底放在桌面上，碗口朝上，才比較不會弄髒。」

「嗯，那你這樣說我就明白了。不過我也想了一下，德國人都把碗倒扣也是有道理的，因為碗底如果有積水，乾了以後就會留下白色的水漬，很難弄掉，你肯定也不想把這些白色東西吃進去，所以倒扣著就不會有留下水漬的問題。有些人習慣洗碗後用乾布擦一遍，也是因為這個。」

「嗯，原來如此。可這些都是很小的事，你也不必那麼認真啊。」

「我不是認真，我喜歡道理。如果在我生活裡有一件反覆出現的事讓我覺得奇怪，比如說程縯非要把碗正著放，我就很想知道她這樣做的道理，我會問她為什麼這樣做。然後如果我覺得她這樣有道理，那我可能就會認同，甚至我可能可以按照她的辦法去做；可如果我覺得她這麼做的理由並不充分，甚至是沒道理，那我可能就會勸她別這樣做。」

「哦，那碗正放的事，你沒問過她為什麼非要這樣？」

「我問過她呀，為什麼非要正著放？她就說『就是得這樣啊，沒有為什麼。』有時候我覺得想要通過溝通把一件事弄清楚，可是程縯覺得沒必要。一個人很想要把事情說清楚，一個人認為可能不說更好。這可能也是德國人跟中國人在溝通觀念上的差異。」

在德國做醫學科研工作的中國男生許衡，也提到過他在跟瑞典的同性伴侶歐米相處中的溝通觀念差異。許衡跟歐米在一起八年，已經結婚，兩人住在德國。歐米是大公司的人力資源主管，曾在很多國家任職，也對中國文化有比較深入的理解。在他們的相處中，最容易引起爭吵的原因是「小事積累到一定程度就爆掉了」。

奇拉覺得不解，就追問到底是什麼樣的「小事」？為什麼會「積累」？

許衡舉了一個例子，比如兩個人打算一起出去做點什麼，如果他當時太累、沒有勁，又沒告訴歐米原因，歐米會覺得是許衡不想陪他，就會不高興。兩個人因為這個吵過，後來歐米對許衡說，如果當時許衡說清楚是因為太累才提不起勁兒，歐米會理解，什麼事兒都沒有。許衡卻認為一般這種情況他不說，是因為覺得不是什麼大事，可是歐米會希望他在累的當時就馬上清楚地說出來，這對歐米很重要。

很多時候導致兩人吵架的原因是許衡沒有把自己的感受說出來，就會導致歐米不爽，然後兩人都不爽，最後許衡才會說出自己的感受。可是這種情況反覆出現，許衡就會覺得沒完沒了，最後忍到一定程度會爆發。

「我情緒靠忍，他情緒來得快，當下就得解決，解決完立馬沒事。」許衡這樣總結自己和歐米解決情緒波動的方式。

對比前面思語和程繽的溝通，可以看到一個相同點，就是中國的一方都覺得小事沒必要說出來、不需要講那麼清楚，而西方的伴侶卻恰恰希望能夠就這些小事進行交流或討論，希望能夠直接地、即時地就細小的問題進行溝通，無論是生活上的細節、身體狀態，還是情緒上的小波動。

中國人（包括大部分亞洲人）似乎都不太習慣直接表達自己內心的感受，尤其是細微的感覺和情緒。相對地，他們也不會直接詢問別人的感受，因為通常都不會得到直接的回答。似乎在多數亞洲文化中，即使得到了回答，你也無法確定它的真實性。

關於是否直接詢問對方的想法和感受，有一個非常直接、生動而且搞笑的例子，可以完美地詮釋中西方在這方面的差異。

某日奇拉全家跟一對夫婦在一家法國漢堡店吃漢堡。這對夫婦丈夫叫吳玉，是臺灣人，在法國做會計工作；太太梅格是法國南方人，做文化交流方面的工作。兩人交往了十六年，結婚七年，有一個三歲多的女兒。

席間奇拉和吳玉用漢語愉快地聊天，那邊老張和梅格用法語聊，兩個小孩子就在桌旁一起玩耍。大人們越聊越歡，孩子們也越玩越high，小孩子開心起來慢慢就控制不住自己的音量，雖然奇拉和梅格也會不時提醒孩子們小聲一些，但在本就不大的漢堡店裡，孩子們還是顯得比較吵鬧。

這時候老張說：「老闆會不會覺得孩子們太吵了？」

奇拉說：「還好吧，孩子們就是在我們旁邊玩，應該不會吵到別的客人？」

吳玉說：「不知道，這裡很小耶，也許老闆會覺得我們蠻吵的。」

梅格說：「是啊，不知道啊。」

又討論了幾句之後，兩個法國人開始又用法語聊起來，奇拉和吳玉也就沒注意聽，回過頭來用漢語討論：

「老闆好像剛才真的有在看我們耶，不會是真的不爽吧？」吳玉繼續在擔心。

「不會吧，反正孩子嘛，不可能像大人一樣安靜的啊。」奇拉繼續覺得還好。

「可是孩子偶爾會尖叫的時候還是真的蠻吵的。」

「那老闆不會真的不爽吧？」奇拉也開始擔心起來。

這邊我們還在繼續猜，就見老張和梅格已經站了起來。在我們驚訝的目光中，老張和梅格很自然地走向了遠處漢堡店的老闆，三人神情友好地說了些什麼，然後這兩個法國人又走回了我們的桌邊。

「你們幹嘛去了？」吳玉和奇拉都覺得很莫名。

「問老闆啊。」兩個法國人很理所當然地回答。

「問什麼？」

「問她覺不覺得我們孩子吵啊。」

「啊？你們怎麼問的啊？」

「就直接問啊！」

「那她怎麼說啊？」

「她說她不覺得吵，沒問題。」

「是嗎？她真覺得沒問題？」

「她說沒問題當然就是沒問題啊！」老張翻了半個白眼：「你們在這裡猜來猜去幹嘛呢？你想知道她怎麼想你就去問她啊。」

然後兩個法國人心安理得地坐回去接著用法語聊天了，剩下吳玉和奇拉面面相覷。沉默地對視一會兒後，吳玉說了一句經典的總結語：

「我們不知道老闆爽不爽，就在這裡一直猜，她爽？她不爽？法國人是直接過去問她：『哎，你爽不爽？』」

奇拉聽了頓時笑翻，確實總結得到位又搞笑。

想想平時生活裡老張其實也是這樣，奇拉稍微露出不愉快的表情，可能根本沒想說什麼，老張就開始他的「刨根問底三連問」：「你怎麼了？你不高興？你為什麼不高興？」

奇拉一般都會回答：「沒有啊，沒事啊。」

然後老張就會一直追問：「你說吧，你說啊，你幹嘛不說呢？哎，你說一下。你別走，你說，你說。」

奇拉被問到不行，只好說出那個很細小的、引起了微微情緒波動的事情，其實都是雞毛蒜皮、芝麻大的小事，比如說：老張把蘋果上的小標籤貼在飯桌上，奇拉擦桌子的時候很難摳下來啦，或者他又亂放東西奇拉找不到啦，有時候僅僅是因為奇拉累了而已。

老張知道奇拉不愉快的原因以後，還會補上一個問題：「你覺得我一直問你，很煩嗎？」有時候奇拉真覺得好笑又無語。可是內心裡的感受絕對不是覺得他很煩。而是感覺被看到、被重視、被呵護。

「反正你從來不會完全確定」——百轉千迴的表達方式

陳卿遙也是奇拉在大學裡教過的德國學生，他畢業後做了教師的工作，跟中國男朋友狄甯一起住在德國。經過一件事之後，陳卿遙非常簡潔地概括出了中國人表達想法的方式。

大概情形就是他跟狄甯一起去接狄甯的姐姐從英國來德國旅行，狄甯猶抱琵琶半遮面地向姐姐介紹了陳卿遙，其實算是向姐姐出櫃，但也並沒明說，然後姐姐當時完全沒什麼特別的反應，就好像是沒明白弟弟的出櫃。可是後來她說「感覺你們倆很像（指陳卿遙和狄甯）」，而且有時還會對他倆說一些「比較像會對情侶說的話」。所以陳卿遙估計她還是明白了。

陳卿遙對奇拉說：「這就是一種文化區別，好多想法不會直接問、直接說……是吧？」然後他精闢地總結道：「在中國，反正你從來不會完全確定。」

陳卿遙能「估計」出這麼多情況，還是得益於他多年的漢語學習和漢學功底，要不然我估計直腸子的德國人想破了頭，也不會估計出來男友的姐姐到底明不明白男友的出櫃。

其實一向說話比較坦白的奇拉很多時候也搞不懂同胞們的迂迴表達。

記得一次大學同仁邀約自行車騎行的活動，大概上午八點多從城市中心出發，騎到郊野，再騎回到城市中心來，然後大家計畫一起在一個很有德國傳統氛圍的咖啡館喝咖啡。重點是，預計騎回來的時間是下午三點左右。

其實同仁邀約的活動，只要能去，奇拉一向都積極參加。可這次奇拉聽到消息時，腦海裡浮現的第一行字是：「七個小時騎下來，必死無疑。」而且那是個周日，奇拉每週一的教學任務是最重的，大學生的課加研究生的課，再加上中間的待機時間，每次週一下班幾乎沒力氣登上公車回家。如果周日再這麼操勞的話，週一一定會在某一節課上嚥氣。

奇拉私底下跟（第2篇提到過的）臺灣老師王明交換了一下意見，他也表示這種「很德國」的玩法太累，體力肯定跟不上，不會去。於是奇拉稍微安心一些，覺得不是只有自己一個人不去，這樣就比較不會尷尬。於是兩人約定都不去騎行，但下午一起去城市中心跟同事們喝咖啡。

等到系裡開會時，德國主管逐一詢問大家是否會去。德國老師們基本上都去，到了奇拉，只好有些窘迫地表示自己並非不感興趣，只是覺得這樣會太累，怕影響週一的工作，所以打算只去喝咖啡。

等問到王明時，他回答說：

「沒關係，那萬一要是我不去騎自行車的話，也可以去喝咖啡。」

此話一出，連奇拉都愣了，第一反應是這人怎麼出爾反爾？再一琢磨他的話，也搞不清楚他到底是要去騎行，還是去喝咖啡？還是都要去，還是都不要去？

德國主管立刻用典型的德國式提問破解了東方式委婉，問道：「那你到底要不要去騎行？要不要去喝咖啡？」

王明才說：「我大概跟奇拉老師一樣，只是去喝咖啡就好了啦。」

散會後，奇拉劈頭蓋臉地問他：「你剛才搞什麼啊？什麼『沒關係』，你那個『萬一要是』是個什麼鬼啊，我都搞不明白，還以為你要去騎車呢。」

王明答道：「你說得太直接啦，我怕德國老師尷尬，所以就說得委婉一點嘛。」

奇拉說：「你委婉到連我都聽不明白了，我萬一要是很想扁你的話，大概沒准肯定會扁你了，你知道吧？」

多年後再相約見面時，奇拉仍然會耿耿於懷地批判他當初那個「萬一要是」。每次合作共事前，奇拉都預先打擊他說：「你有話就直說，別給我來你那套『萬一要是』的什麼東西。」

他有一次就回答說：「好啦，知道啦，大佬，我都說得跟你一樣粗魯就好啦。」

老天！粗魯耶？原來奇拉一向都很「粗魯」的……

那看到這裡的你到底是喜歡委婉還是「粗魯」啊？

沒關係，你可以委婉地講，如果萬一我不是特別喜歡粗魯的話，委婉一點也是可以的啦……

不過至少……跟德國人說話，想讓對方聽明白，大約還是「粗魯」一點的好！

關於「較真」——太當一回事

除了百轉千回的表達之外，還有一件可怕的事情叫做「較真」，也就是對某件事認真到有點異常的程度。奇拉打算在這一篇的最後講這樣一個故事——

老張二〇〇五年第一次去中國的時候認識了一個法國朋友，她臨時住所裡的瓶裝礦泉水堆積如山。老張問她為什麼需要這麼多瓶裝水，她說是因為中國的自來水「有毒」。

這話乍一聽實在是太嚇人，不過在歐洲許多國家的自來水，除非是某些公共場所特別標明「不能飲用」的之外，都是擰開水龍頭就能喝的。德國人就很為自己國家自來水的潔淨程度感到自豪，「裝進瓶子裡就是礦泉水」，「我們的自來水和礦泉水沒什麼不同」——奇拉聽過德國人這樣講。

自來水潔淨當然是好事，不過這位法國朋友隨便說其他國家的自來水「有毒」是不是誇張了一點？

從道理上咬文嚼字地去解釋，「有毒」的概念並不是喝了就會死，而是說有「進入有機體後，能跟有機體起化學變化，破壞體內組織和生理機能的物質（此定義摘自《現代漢語詞典》）」。從這一點來講，「喝中國的自來水會拉肚子」、「在中國不能喝自來水，必須煮熟再喝」，倒確實讓人不容易反駁她的說辭。

可這還是不能解釋她為什麼需要那麼多礦泉水。細問之下老張才明白這位朋友不但完全不敢喝自來水，而且連刷牙、漱口都得用礦泉水，理由是刷牙、漱口時，總會有水殘留在嘴裡，最後被喝下肚去。還有她也不敢去飯館，因為飯館的飯菜都是用自來水做的……

沒過多久，這位法國朋友就回法國了，因為無法忍受在中國的生活。

奇拉聽說這個故事後，一直覺得心裡彆扭，一次有機會，就跟自己私人輔導課的學生克勞德討論了這件事。克勞德是當時非常有名的手機公司駐中國的CEO，是位將近五十歲的德國人，奇拉教了他三年，課餘時間也常跟他聊聊各種事情，很能開闊眼界。閒聊時奇拉就問克勞德是不是也認為中國應該提高自來水的品質，到可以直接飲用的程度。本以為克勞德會說「是」，沒想到他卻是這麼回答的：

「我不認為中國的自來水應該弄得更乾淨——當然現在在中國你不能喝生水，如果你想喝涼白開得先燒開，然後等它變涼，這確實很麻煩。可是如果你想一下在歐洲，自來水的品質那麼高，都是靠花納稅人的錢才做到的，然後我們除了喝以外，還用自來水做什麼呢？洗衣服、洗澡、沖廁所。用達到飲用標準的水去沖廁所是浪費納稅人的錢，也是對資源的浪費。我覺得以後歐洲的自來水應該像中國一樣，才不會造成巨大的浪費。」

奇拉不知道提升看問題的高度是不是對付「較真」的一劑解藥，反正回到婚姻的範疇裡來看，奇拉想像中的、兩個人都計較入微的婚姻，不管跨不跨國，恐怕都不會太幸福。

愛與寬容——是奇拉想在這一篇奉獻出的終極答案。

4.金錢觀與人生觀

金錢觀一：節儉與吝嗇

也許大家還記得前面（第1篇婚姻觀念）提過的彥葉，這裡讓我們先從她的故事開始講起。

彥葉和德國的男朋友力克結婚以後，在市區找了一套公寓，需要裝修。裝修之前兩人說好了費用對半支付，可當時力克因為剛開始工作，積蓄還不夠，所以最後的費用絕大多數都是彥葉先付的。過了大半年，力克隻字沒提還錢的事，彥葉也不好意思問他。婚後兩個人的錢都是各有各的帳戶，生活上的支出也嚴格地實施各半分擔制，所以其實彥葉也不知道力克的錢是不是不夠還給她的，也不想催問。又過了許久，彥葉遇到了比較需要用錢的情況，只好開口問力克什麼時候可以還她裝修的錢。沒想到這時候力克回答說，在裝修之後，力克的父母花錢為他們添置了一些家具、電器等物品，所以就算抵消裝修的錢了。彥葉這才知道他壓根就沒打算還錢。

在彥葉的吐槽之中，有一個小故事讓奇拉覺得最不舒服。大概情況是有段時間彥葉報名上了一個肚皮舞課，每天晚上下班就去跳肚皮舞。這個舞蹈課上課的地方正好在力克下班回家的路上，舞蹈課下課的時間也跟他開車路過的時間差不多，所以彥葉讓力克每天下班順便接她回家，力克答應了。

舞蹈教室的大樓外有一個停車場，彥葉預想的是力克可以在停車場停車，等她下課，然後開車載她回家。可是第一天離舞蹈課下課還有五分鐘，就接到了力克的電話，讓她現在馬上出來。彥葉還以為有什麼事，所以急急忙忙跟老師道歉說自己有急事需要馬上走，提前幾分鐘離開了教室。等來到停車場鑽進車裡，力克一個勁兒地抱怨她出來晚了。彥葉不明白到底有什麼問題，力克就跟她說：「我下班已經很累了，不想在停車場等著你，你在這裡跳舞只是玩兒，而且這裡停車是要交費的。所以我希望每次我快到的時候就給你打電話，你就馬上出來，我一到停車場門口你就能上車，然後我們就可以走了。」

於是彥葉只好每天都在快要下課的幾分鐘前向舞蹈老師尷尬地道歉，在眾目睽睽之下提前離開跳舞教室，只為了讓力克不必等著她，也不必交那幾歐元的停車費。就這樣勉強了兩個星期，彥葉最終還是放棄了讓力克去接她，改成每天下課以後自己搭公車回家。

老張也給奇拉講過一個公司裡的同事，是個愛好騎馬的、四十多歲的法國人，他自己家裡養著兩匹馬。要知道馬的價格不菲，私人養馬、騎馬會有不少支出，可見這位同事並不是窮人。老張說這位同事每個月都換一次手機合約（更換手機網路供應商），因為法國的很多移動網路公司為了招攬新客戶，都會有「新客戶簽約第一個月手機費半價」之類的優惠。在奇拉看來尋找新的網路公司再去簽訂合約其實是挺麻煩的事，一般人也不會頻繁變動合約（和手機號），而這位同事為了那第一個月的優惠就能每月簽個新合約，這種省錢的精神奇拉也覺得挺佩服。還有更讓人佩服的是，冬天的時候（一般最冷的時候零下五到十度吧）這位同事也不開暖氣，因為不想花暖氣費。（法國的公寓裡通常暖氣可以自己控制開關並調節溫度，暖氣費按實用量收。）節省到這種程度，奇拉就覺得有些難以想像了。奇拉對老張說，要不再讓他弄張「寒玉床」，沒準兒能凍出蓋世神功呢。

男人節儉不是壞事，婚戀中只要兩個人都崇尚節儉，大約也能其樂融融。但節儉和吝嗇還是有根本區別的。奇拉的理解是，節儉是把基本的、能保證一定舒適程度的生存需要放在第一位，把減免用於享受的支出放在其次。如果犧牲生活的某些最基本需要而只關注省錢，那就不免有些吝嗇了。

一個人的節儉或吝嗇，有時候很難分清到底是出於個人原因還是文化原因，不過如果一個男人連交往初期的小帳單都不樂意支付，十幾塊錢的支出還非得ＡＡ制，從來不送你任何需要花錢買的禮物，永遠把省錢看得比滿足你的物質和精神需求更重要……那麼不管他是哪國人，恐怕都不是能陪你「從青絲走到白首」的那一個人。

而之前提過的日本公司韓日混血高管林石，曾經在初秋季節，為了保護自己身上的名牌皮衣不被淋濕，而脫下皮衣抱在胸前，自己只穿一件薄襯衫淋雨跑回家，第二天就發燒了。這件皮衣並不是什麼有紀念意義的物品，只是價格昂貴而已。也許是出於日本人的惜物情結，也許是珍惜自己勞動換來的喜愛之物，其實都無可非議。然而奇拉還是糾結在一個基本的觀念上：人與物之間的關係，究竟是以物（或錢）役人，還是人使用物（或錢）？究竟是應該疼惜自己多一點，還是疼惜物品（錢財）多一些？即使觀念不同，戀愛的時候若能不互相干涉，似乎也還是過得去；但結婚以後，財物多為雙方共有，如果對方用自己內化的規則來要求你，要你也脫了皮衣淋雨回來，或者你穿著皮衣淋雨回來就被對方指責不珍惜物品，你受不受得了？

戀愛和婚姻中的金錢觀最常體現在一起吃飯誰買單、是否樂意送對方禮物、約會和旅行費用如何分擔，還有同居中的房租、水電費誰付等方面。

加拿大華裔中醫師齊仲生提到，在談戀愛的時候，兩人去餐廳一般是他來付錢，施揚偶爾也會回請他。一來是因為施揚當時是學生，沒有什麼收入，二來他自己也覺得吃飯應該是男的請客，因為是男的在追求女的。他也認為結婚後應該是男人養家，他自己很有掙錢的責任感和養家的成就感。

這番言論聽起來頗為符合中國傳統的家庭觀念——男人掙錢養家，女人煮飯帶娃。如果這番話被歐洲的女性主義者聽到，沒準會開始強烈抨擊，（女性主義的問題我們可見第6篇「極端的女性主義」的相關討論）可是齊仲生在家裡也不是不帶孩子。一次，奇拉跟齊仲生全家一起在飯館吃飯，根據奇拉肉眼親見，兩三個小時中，為了能讓施揚和奇拉安靜地聊天，齊仲生數次主動（半餓著肚子）抱起不到一歲的女兒，用熟練的哄孩兒步伐和晃動姿勢，把女兒抱到飯館外面去散步。最後一次他把女兒抱回來時，女兒已經安然入睡。可見男人想要掙錢養家，跟他心疼妻子、幫忙帶孩子一點也不矛盾。

金錢觀二：金錢與尊重

住在以色列的列特和李潔談到錢財問題時，坦言他們談戀愛時的花費一般都是ＡＡ制，出去吃飯兩人輪流請客，後來因為列特的收入多，所以他請客的次數就多些。到兩人同居時房租也仍是各交一部分，只是列特交的比例更大些。

在北京住了數年之後，婚後兩人回到以色列生活。李潔在北京時已經發現列特有著猶太人普遍的、節儉的生活習慣——能不花的錢就不花，想買的東西忍著不買，在家掙錢、存錢，不要出去吃飯，因為覺得花這個錢是沒必要的。在北京的時候因為覺得價格還相對便宜，列特會下館子吃飯，而回到以色列之後，就完全不去了。李潔還舉了一個例子，說列特在以色列找停車位的時候，能一直開車轉，開很遠，必須找到一個免費停車位，絕不去收費的，有時候甚至能轉上一個多小時。

列特這樣在李潔看起來過於節儉的生活習慣卻在婚後被改變了許多。李潔一直覺得應該「對自己好一點」，在李潔的影響和勸導下，列特現在「也會稍微享受一點生活，但也不浪費」，慢慢地學會了對自己好一點。

在金錢觀方面，列特很嚴肅地談到了一個問題，這個問題不但涉及了金錢觀，其實也是價值觀和人生觀的一部分。

在被奇拉問到「你在中國生活了七年，為什麼決定婚後回以色列生活」的時候，列特說了一個讓奇拉意外的答案：

「我覺得中國的變化太大，我指的是人與人之間的關係，越來越看重錢。人們的價值觀就是掙錢，每天忙碌忙些什麼？都是為了掙錢。人們的生活越來越物質化。

現在在中國，如果你比我有錢，那就是你比我好、比我高級、比我層次高。有錢人看不起窮人，而窮人也看不起自己。比如說有錢人開高級汽車，窮人騎自行車，然後北京塞車很厲害嘛，有錢人就把他們的汽車開到自行車道，還按那個喇叭，讓自行車讓他，而很多窮人也覺得應該讓他。我就覺得這個讓我很不舒服。我也是騎自行車，可我覺得他在不對的地方走，我為什麼應該讓他？

你比如說我在以色列，我們住的房子稍微好一點，在別墅區。那我每天早上出來看到在街上掃地的那個人，我很自然就會跟他打招呼，因為是他把我們的街道打掃乾淨了，所以我尊重他，可是在中國沒有這種尊重。

我在以色列有一次到一家公司辦事，公司停車場的保全應該查每一輛車的後備箱，確保安全。當時的車也比較多，公司老闆的車排在後面，因為保全一輛一輛查前面的車，所以老闆就在後面等了很長時間，他就不高興了。終於輪到他的時候他對保全抱怨，覺得保全耽誤了他的時間。那個保全當時就很正常地跟他說：『我不管你高興不高興，我只是在做我應該做的事，這是我的工作。』

可是這件事如果是發生在中國，老闆生氣了，保全肯定也覺得是他自己有錯，他不會覺得他只是在做自己的工作，應該被尊重。大家就是對有錢人尊重。那我沒錢，我慢慢也變得看不起自己。我覺得這樣下去我自己要出問題，所以選擇回到了以色列。」

這一番話講得頗為尖銳，但奇拉似乎很難回答。雖然肯定不是每個人都這樣，但社會的大氛圍是否如此呢？

人生觀一：他為我「打開了很多扇窗戶」

在人生觀方面，李潔也說了一些肺腑之言。她說，相處中列特為她「打開了很多扇窗戶」，讓她明白了「很多事情並不是非黑即白的」，消除了她「很多固化的觀念」。

「兩種文化、教育背景碰撞到一起所展現出來的東西給了我很多啟發。比如說，我從前心裡對於人生的定義就是一條線下來的，就是中國人普遍的思維，認為就是約會，到一定程度就得結婚，結婚然後就得生孩子。剛開始認識列特的一些朋友時，發現有的（朋友）約會十幾年也不結婚，不要孩子。我當時就想：『天哪，那為什麼要在一起？』

跟列特在一起以前，我從來就沒有想過，我完全也不用結婚呀，完全也可以不用要孩子。要孩子不是必須的，是兩個人可以自己決定的。那時候就從來沒有想過我完全可以換一種生活方式。當時可能也是受國內價值觀的影響，就拚命工作，拚命工作之後幹嘛？買高檔的奢侈品、買房子呀，等等，以這些東西來證明自己的身分。認識列特以前我的狀態就是朝九晚五，拚命工作，想在工作上有建樹，獨當一面，讓父母驕傲……可是從來沒問過自己，這種生活真的是我想要的嗎？每天拚命忙於工作，而不去真正看自己，我是不是真的想要這樣的生活？

還有一些別的，比如說我也明白了西方世界一直抨擊政府沒有給我們『人權』到底是什麼意思；『人權』的概念是什麼。以前我就覺得『我有人權呀，我什麼都可以幹呀，只要不犯法就行。』可是我出了國，看了一些書，也跟列特聊，就有了新的想法。」

並非只有李潔一人在採訪中提到了自己生活方式、生活觀念的轉變。楊思語的太太程縯也對奇拉講了她在跟思語戀愛、兩人居住在非洲某國的三年中，思想裡發生的翻天覆地的變化：

「我們住在那裡以後，我開始跟著思語吃全素，在那裡我開始練瑜伽；我們自己嘗試著在院子裡種菜，然後採摘自己種的菜來吃。我感受到了一種從來沒有過的、接近大自然的愉悅。從前想的自己的人生就是走學術道路啦，學文學啦，像大多數中國人一樣的。可是當我在白然裡，吃到這些非常自然的蔬果，我也開始思考自己的『自然狀態』和『本心』是什麼。我在這裡看到了人們為環境（保護）做出的努力，發現了自己對於舞蹈和瑜伽的熱情。可以說這裡的生活給了我太多太多的改變。」

人生觀二：我想與你並肩而立

與外國人相戀，甚至建立家庭；居住在外國，放眼去看這個世界，接觸各種不同國籍和文化背景的人，瞭解世界的多樣性，就會明白這個世界上沒有固定的謬誤，也沒有天然的正確，所有的是非對錯都帶有特定人類社會和人類文化的標定，在某一地域、某一文化中大家都默認的，認為是理所當然的做法，也許換了一個地方就變成了可笑、奇怪，甚至是不可理喻的行為。這在人們的戀愛觀念中似乎也有著某些體現。

在奇拉接觸到的西方男女的戀愛關係中，女人通常會保持獨立感，不會太過依賴對方，兩人作為兩個獨立的個體相處、戀愛。而在中國男女的戀愛中，似乎總是過於強調戀愛中的互相依賴，好像只有保持一種特別近的距離、不分你我，才能證明愛著；在男人對女人的追求中，似乎也必須請客、送禮物、甜言蜜語地討好、放下尊嚴地服從，才能體現自己是在「追求」這個女生。

齊仲生的太太施揚提到了在戀愛之前，齊仲生對她示好的方式是每個週末都去她寫生的地方看她畫畫，然後陪她散步、聊天，並沒有刻意地請吃飯、送禮物等；及至兩人確立了戀愛關係，齊仲生也沒有像她以為的那樣會對她呵護備至，或像有些中國男生近乎諂媚地去討好她。齊仲生追求她的方式是給她真正的尊重和支持——

施揚學生時代學習畫畫，現在是一位畫家。一直以來都有很多身邊人說畫家不賺錢，都想要她放棄自己的創作。大家都認為她應該去多教幾個學生賺錢才是正經。可是齊仲生卻能明白她對繪畫的熱愛，支持她的創作熱情，尊重她的夢想，一直鼓勵她相信自己、堅持下去，由衷地希望她有一天能夠夢想成真。這難道不是更成熟、更成人化的追求方式嗎？

奇拉記得王菲的老歌裡有這麼一句歌詞：「誰說愛人就該愛他的靈魂，否則聽起來讓人覺得不誠懇……」

奇拉也不覺得愛人非得愛他／她的靈魂。「靈魂伴侶」什麼的，感覺太玄了。不過愛一個人還是應該把他／她當成一個完整的、獨立的成人，用愛成人的方式去愛，不是嗎？每天刻意地把對方當成三歲寶寶一樣噓寒問暖、各種哄著，可能也是樂在其中，可是兩座山峰比肩而立，各自挺拔，卻又互相照應，相看兩不厭，能不能算是戀愛的更高境界？

畢竟虛假的奉承久了，任誰也會累；即使是情之所至、真情迸發出來的、如膠似漆的甜蜜，也難說一定能維持一輩子。奇拉並不是說寶寶式的你儂我儂不好，而是說如果只追求幼稚的甜蜜，而沒有並肩向前、各自美麗的想法作為支撐，那這樣的戀愛是否稍微失於膚淺？這樣的戀愛如果進入了婚姻（尤其在需要進行各種事務性的協作時），是否會帶來婚前婚後巨大的心理落差？

在談到男女關係、戀愛觀念時，已經在法國生活了十年、跟法國女生梅格結婚七年的臺灣人吳玉是這樣說的：

「感覺歐洲女生會比較獨立，而臺灣女生有『公主病』的可能會比較多一點——我當然不是說臺灣女生都這樣，而是相對來說比歐洲多。有些臺灣女生就覺得男生都該在，很依賴人，很需要人照顧；結婚一定要求男人有房有車、事業成功等等。而法國女生真的覺得大家是平等的，不要求男生賺錢，但家務一定要分擔，她們有一種真是『男女平等』的男女關係的觀念。她們會去支持對方的愛好，而不是把你這個愛好跟金錢掛鉤（不會去考慮這個愛好是不是會花很多錢或者能不能通過這個愛好掙錢等等），也不會要求男人來養家。不過當然可能也有客觀的原因，就是法國這邊社會福利、保險更為完善，所以人們也可以生活得更加自由。」

當被問及在法國和在臺灣感受到的最大不同時，他說：

「我在臺灣和法國感覺到的最大差異是：歐洲人思考的內容以及他們跟朋友們講話的內容更有深度。一群年輕人在一起隨便聊天的時候，在臺灣我們通常都會扯一些生活瑣事、娛樂八卦等等，像看電影啦，吃飯啦……而跟法國朋友們聚在一起會很自然地聊起一些對當下政治的看法和治國理念等話題，比如說：議員投票、環境保護等等，這是他們關心的事，算是他們生活的一部分。」

早在二〇〇三年，還在上大一的吳玉就認識了在臺灣上大學的法國女生梅格，之後很快開始了交往。二〇〇四年梅格回到法國，吳玉仍然留在臺灣讀本科。經歷了兩年的兩地分隔之後，梅格又回到了臺灣讀研究生。兩人雙雙畢業後，又一起來到法國，吳玉開始在法國讀研究生。二〇一二年兩人結婚後，吳玉隨梅格到了中國某沿海城市，因為當時梅格在那裡的法國領事館找到了一份不錯的工作。結束了領事館的工作，兩人一起回到法國生活，仍是經常隨著梅格在法國不同省分找的工作而搬家，甚至有了孩子之後也是如此。孩子兩歲左右，梅格還曾經自己帶著孩子去法國南方某個省分工作了半年，而吳玉仍然自己留在法國中部居住、工作。

奇拉驚訝於這兩個人的「折騰」，而且更驚詫吳玉在有了孩子之後，還會同意梅格這樣「折騰」。吳玉坦言他也不是很喜歡這樣子。曾經有一段時間梅格在法國中部（離家不遠）的一個公司上班，雇主願意為她提供終身聘用合約。當時吳玉非常高興，覺得終於可以穩定下來，一家人一起生活。可是梅格最終還是選擇放棄這份工作，而接受了南方的一份短期合約，原因是法國中部這家公司的工作內容都是事務性的，並不是梅格的興趣所在，每天上班她都覺得很無聊。當梅格跟吳玉商量，想要放棄中部公司的工作時，雖然吳玉心裡其實很希望梅格接受這份工作，可以一家人在一起穩定地生活，但他還是表示了理解和支持。因為他很想支持太太有她自己的事業，讓她可以每天做她自己喜歡的事情。

雖然奇拉在有孩子之後，再也沒有各種「折騰」的勇氣，但還是對吳玉支持妻子的態度非常贊佩。

人生觀三：被稚化的自我？

奇拉還記得在德國大學任職的時候，一次跟辦公室的同事們一起去中餐館吃餃子。當時臨近春節，所以用餐完畢後，中餐館給每位客人贈送了一張年曆畫，上面印著十二生肖的卡通形象。當時德國同事彼德對年曆的評論，奇拉到現在還記憶猶新，他說：

「中國人總是把我們當孩子。」

奇拉聽了覺得很不解，怎麼送年曆就是把人當孩子了？

彼德指著卡通的十二生肖解釋說：「這個年曆本來是印給成人的，不是特意給孩子的，那為什麼得印卡通形象？在中國總有一種傾向，就是把成人幼稚化。」

奇拉還是並不太認同他的想法，覺得是不是有點小題大做？

彼德又接著說：「我們在歐洲，成人都是自己照顧自己，一般你成年了以後，就不會覺得有人應該來照顧你，應該來告訴你該怎麼做，告訴你什麼是對、什麼是錯。所有你能自己動手的事，你都自己動手做。可是在中國，成人總是被幼稚化，總有人來照顧你，你也期待別人的照顧；要嘛就是有人來指揮你，你得服從指揮。你去給車加油，有人給你加；去等公共汽車，有人拿著小旗子來讓你排隊……排隊應該是幼稚園的時候就學會的事，那麼多的成人，還需要別人來告訴你應該排隊嗎？」

被稚化是因為習慣了服從和被照顧嗎？抑或是人格的不獨立造成的心理依賴？一直到現在，奇拉也沒想明白這到底是怎麼回事，只是彼德的那一席話，偶爾還會在腦海中響起。

金錢觀與人生觀是涵蓋極廣的話題，且常常是因人而異。希望本篇的內容能帶來一點啟示，促使我們開始思考那些習以為常的觀念與做法是否真有道理。

5.強勢文化

什麼是跨國婚姻中的「強勢文化」？

跨國婚姻中的「強勢文化」是奇拉總結出的一個概念，到底什麼是強勢文化呢？讓我們來舉例說明：

奇拉初到法國時認識了一個朋友，是來自中國北方的女生陳茵。她在法國留學畢業後，跟大學裡的法國同學迪盧結婚，留在了法國。奇拉認識她的時候，她已在法國生活了將近六年，跟迪盧有了兩個兒子，小的三歲，大的四歲多。

陳茵從事餐飲業，迪盧是公司職員。兩人是在法國的大學裡相識，迪盧並不瞭解中國，也不會說漢語，所以理所當然地他們是說法語。相戀、婚後兩人居住的地方都是在法國，所以生活諸事也大都是按照法國的習慣，再加上陳茵也不太會做飯，所以飲食方面常常是買外面的東西吃，在家自己做飯的話也就是吃點義大利面和沙拉等簡單的法國家常菜。兩個孩子只能聽懂一些簡單的漢語句子，會說的也只有「你好」、「謝謝」之類。陳茵當然也非常希望孩子們能說她自己的母語，所以以前也嘗試過在家裡用漢語跟孩子們交流。可是一來孩子們平時無論在外邊還是在家裡都很少聽到漢語，媽媽一說漢語，他們就有一定的抵觸情緒，覺得明明可以用法語交流，媽媽為什麼非要說一個他們聽不懂的語言？他們不認為有學習漢語的必要。而最大的阻力來自迪盧。每當陳茵跟孩子說漢語的時候，迪盧就覺得陳茵在跟孩子們用一種他完全聽不懂的語言交流，覺得自己被排除在外了。孩子們不領情，迪盧又屢次表示不快，陳茵也就很難堅持下去了。她只有每年暑假把孩子們送回中國的父母家時，才能堅持跟孩子們說漢語，期待每個暑假孩子們的漢語水準都能有所提高。可是每年三個人（陳茵和兩個孩子）往返的飛機票，對這個尚未還完房貸的家庭來說，也是一筆不小的開銷。

總結來說，在陳茵和迪盧組成的跨國家庭裡，居住地是法國；生活諸事大都按照法國習慣；家庭溝通語言是法語；飲食是西餐；孩子們也以法語作為母語。也就是說，無論從哪個方面來說，都是法國文化占絕對主導。那麼在她家裡，法國文化就是強勢文化。

再來看奇拉家的情況就不太相同。

奇拉和老張是在北京認識的，所以從一開始就是講漢語。一直到後來相戀、相處、結婚，再到有了孩子，兩人之間都是講漢語。雖然奇拉和老張也都會說英語，後來老張的德語和奇拉的法語也都有了相當大的進步，可是仍然一直都用漢語交流，只有偶爾一些詞老張聽不懂或說不出時，才用別的語言翻譯。在德國的時候為了一起練習德語，奇拉和老張也曾經嘗試在家用德語溝通，但是最終失敗了，因為太耗費腦細胞，而且兩個人都不是德語母語者，當德語表達出現分歧時也不知道到底誰說得對？對的句子應該怎麼說？感覺是在做無用功。週末不累的時候說著玩還行，兩人都下班後還說德語？實在沒有能量。

在孩子的語言方面，從一開始，奇拉就對孩子說漢語，老張對孩子說法語。到孩子學會說話之後，孩子一跟奇拉說法語，奇拉就會說：「媽媽聽不懂，你說漢語好嗎？」這樣幾次之後，孩子就意識到了原來這是兩種不同的語言，於是學會了自動切換。只要跟媽媽說話一定是用漢語，跟爸爸說話一定用法語。跟爸爸媽媽一起說話的時候，因為爸爸媽媽之間是說漢語的，所以孩子也大都會用漢語。

最逗的一次是孩子跟老張、奇拉同時在車裡，老張一邊開車，一邊用法語給孩子講了一件事。孩子覺得特別有意思，傻笑了半天，然後突然扭頭，換成漢語，對坐在副駕駛座的奇拉說：「媽媽你知道嗎？吧啦吧啦……」然後把剛才老張用法語講的事，整個重新用漢語說了一遍，當做新聞一樣煞有介事地講給媽媽聽。老張和奇拉都笑得不行，老張對孩子說：「你不用再說一遍吧，媽媽也在這裡啊，她剛才也都聽到了啊……」那時候孩子大概快三歲。

另外生活裡的其他細節，有時候按法國習慣，有時候按中國習慣；飲食上因為孩子出生後比較多是奇拉做飯，所以也是較多吃中餐，或是中西合璧的菜式。

有一次吃晚餐的時候，忘記了是因為什麼，奇拉開玩笑地說了句：

「在法國的問題就是老外（指法國人）太多。」

老張登時笑噴，說：「在法國你才是老外吧！」

奇拉想想，覺得似乎很有道理，可還是補了一句：

「對，可是在我們家裡你是老外。」

老張頓時語塞，覺得又好氣又好笑。

雖是玩笑鬥口，但也從某個方面反映了家庭的文化。

總的來說，在奇拉和老張組成的跨國家庭裡，居住地是法國；生活諸事大概中法習慣各占一半；家庭溝通語言以漢語為主；飲食是中餐為主，西餐為輔；孩子也是漢語、法語雙母語。也就是說，無論從哪個方面來看，法國文化和中國文化都勢均力敵，沒有一個明顯占優的。那麼在這樣的家庭裡，就是雙方文化處於比較平衡的狀態，沒有一個明顯的強勢文化。

強勢文化的五個判別要點

奇拉認為，跨國家庭裡強勢文化的判別大概有以下五個要點：

一、居住地在哪裡？（某一方的國家還是第三國？）

二、用哪種語言溝通？（某一方的母語還是第三國語言？）

三、生活細節的處理方式更多是按照哪一方的文化習慣？

四、飲食上按照哪一方的文化習慣？

五、孩子以哪一方的母語作為第一語言？（或以第三國語言作為第一語言？還是有兩種或兩種以上的第一語言？）（作者按：「母語」和「第一語言」的概念有所不同，本書中為了方便讀者理解，不做細緻的學術性區分。）

其中需要略作說明的是兩個人的溝通語言。在奇拉認識的朋友和採訪過的情侶或夫婦中，溝通語言一般有兩種情況：某一方母語或者第三國語言（通常是英語，或者兩人所居住的第三國的語言）。兩人之間使用哪種語言溝通，常常是由相識之初使用哪種語言交流來決定的，養成習慣以後就很難改變。

天啊，強勢文化真強勢……

有的時候，跨國婚姻中處於文化強勢的一方，往往意識不到自己已經處於強勢，還會不假思索地按照自己的文化習慣去要求對方。

楊思語在和奇拉聊天的時候，曾對程續使用兩個漢語詞的方式表示了不滿：一個是「請」，另一個是「為什麼」。

在詳細介紹楊思語的不滿以前，我們不妨先按照上面五點判斷一下，在他們的戀愛和婚姻中，哪一方的文化是強勢文化。

兩人相戀乃至結婚的三年中，是住在非洲某國，看起來是第三國，但其實是楊思語幼時住過的地方，在當地也有他家族的很多親戚；而程繽是第一次去非洲，到了完全陌生的環境。所以從居住地上來講，是楊思語在強勢位置。

兩人當初是在中國相識，一直是說漢語，偶爾也會說英語。雖然思語的漢語很好，但語言方面還是說母語的程繽佔優勢。

生活細節上因為思語很有條理、擅長收拾整理，通過第3篇裡我們講過的思語對於程繽亂扔鞋的思考以及「程繽box」的構思等，可以看出在生活細節上還是思語在主導。

飲食上更是思語佔據了強勢，曾經無肉不歡的程繽跟著思語吃起了全素。

兩人還沒有孩子。

綜上可以看出，在他們的戀愛和婚姻中，是思語佔據了相對強勢的地位。

在這種背景下，我們再來看看思語對「請」和「為什麼」到底有什麼不滿。

根據思語的講述，程繽在平常生活裡常對他說類似「命令式的」句子，比如：

「你把門關上。」

「把那個東西拿給我。」

「你去給菜澆一下水。」

對漢語母語者來說，這些句子如果是對家人說，似乎也沒什麼不妥。可是對於德語母語的思語來說，這些句子裡缺少了一個最重要的詞。

他習慣的表達方式是：

「**請**你把門關上。」

「**請**把那個東西拿給我。」

「**請**你去給菜澆一下水。」

這樣的表達方式如果是用德語說，也挺平常，因為在英語、德語、法語等西方語言裡，是會非常頻繁地使用「請」這個詞的。即使是對家人講話，也應該使用這個詞。雖然這一點可能因家庭而異，但奇拉確實在接觸到的德國、法國家庭裡，頻繁地聽到他們對自己的父母、子女說「請」。思語的母親也對思語從小嚴格要求，絕不能對家人說話不客氣，必須在提出請求時說「請」。所以思語這樣的心理需求也是很正常的，很符合他所屬的文化習慣。

所以每當程繽按照中國的文化習慣對思語說出沒有「請」的句子的時候，思語就會非常不高興，認為程繽對他不夠尊重，是在命令他；程繽感受到了這種情緒壓力，就會勉強在她的句子里加一個「請」字。可是這種對戀人或丈夫的表達，在漢語裡確實又是非常彆扭、非常不自然的，而且程繽一般說出句子時都會忘記，於是她就在說完一個句子以後，再加上一個很不情願的「請」字，比如：

「你把門關上，請——」

這種彆扭的表達在思語聽來就像是在諷刺他，這樣他就難免發怒，最終兩個人就會反覆因為這個「請」字吵架。

至於「為什麼」這個詞，思語用他的漢語知識這樣分析道：

「在我看來，漢語的『為什麼』有兩個不同的意思：一個是你真的想知道原因，所以你提問；另外一個是『如果我是你，我不會這麼做』的意思。比如說，程繽對我說：『你為什麼把椅子放在這兒？』這個在我聽起來就是比較有攻擊性和否定性的提問，意思是她覺得我把椅子放在這裡做得不對，所以我就很難接受她這樣說『為什麼』。程繽覺得我是在吹毛求疵，可是她的話給我的感覺就是這樣的。」

奇拉忍俊不禁地聽完了思語的吐槽，之後毫不留情地問了一句：

「所以就是說，你要求她即使是在說漢語的時候，也得按照德語的文化習慣去表達，是嗎？」

思語頓時愣住了。他沉默地思考了一會兒，說道：

「嗯，這個要求好像，是有點兒……可是她說的話確實讓我覺得不舒服。」

奇拉跟思語聊了自己對於「強勢文化」的看法，思語表示贊同，也意識到自己確實已經處於文化強勢的位置。最後討論的結果，奇拉和思語都認為最重要的不是一定要按照德語的習慣去說漢語，而是說話的語氣和態度的問題。比如說，如果程纘用和緩的語氣說：「你把門關上，可以嗎？」或者「你去澆一下菜，好不好？」就不會引起思語的不適感。

通過跟思語的討論，奇拉也深深感受到：對家人的尊重和禮貌，是中國人急需從頭開始學習的重大課題。

婚姻裡哪一方的文化是強勢文化，並沒有一定之規。奇拉提出強勢文化的概念，也沒有要分出優劣對錯的意思。只要是兩個人都能接受，能愉悅、舒適生活的家庭文化，就是好的家庭文化，這跟哪一方的文化是強勢文化沒有必然的關聯。只是，如果在相處、結婚之前，就從家庭文化平衡方面想好自己期待的關係到底是什麼樣的，在決定居住地、處理一些生活細節的時候，也能考慮到如果是對方占據強勢地位的家庭模式，自己能否接受等等，就可以避免未來生活中不必要的矛盾和爭執。

6.極端的女性主義

哇啊！德國男人必須坐著小便!?

奇拉完全不是女性主義專家，對女性主義沒有特殊的興趣，在去德國工作、生活之前，對女性主義思潮也沒有過太多的關注，只是大概瞭解而已。

開始關注女性主義話題，起始於在德國酒吧廁所裡看到的一張指示牌。

德國不少地方的洗手間都是男女共用的，有些酒吧裡地方本就不大，廁所只有一小間，裡面擠擠窄窄的一個馬桶。奇拉第一次看到的指示牌，就是貼在馬桶上方的牆上，是張示意圖：圖片上畫著一個線條勾勒的男性小人兒，正站著往馬桶裡小便，然後又在這個畫面上加了一個大紅圈和一條紅色斜槓，表示禁止。

奇拉當時很不解，覺得這不可能是表示禁止男人站著小便的意思吧？如果是的話，那就太不可思議了。

帶著這份不解，奇拉出了廁所就直奔老張，問老張這圖片到底是什麼意思。沒想到老張答道：

「對啊，你不是明白了嘛，就是不許男的站著尿尿的意思啊。」

「蛤？不會吧？為什麼啊？」奇拉極其驚詫。

「因為男女共用的廁所，很多德國女的覺得男人站著尿尿就容易把這個馬桶弄髒，她們坐下的時候就被弄了一屁股的尿，所以她們很不高興，她們就出了這個規定。」

雖然也不是沒道理，但奇拉聽後，還是嘴巴彎成「O」字形，說不出話來。

之後陸陸續續，奇拉又在許多地方的男女共用廁所裡看到了類似的圖畫或標誌，才明白這並不是一間酒吧裡的奇葩要求，而是有一定廣度的、德國女性對男性的普遍要求。

德國男性對這種要求的反響如何，奇拉不得而知，不過奇拉自己也會暗暗琢磨：酒吧裡的男女共用廁所有時候確實挺髒，如果坐下時被別人排出的淡黃色液體蹭在自己身上也絕對是件噁心的事情，很多男人小便的時候懶得抬起廁所墊圈，也確實很容易把墊圈弄髒……不過怎麼能確定把墊圈弄髒的就都是男人呢？即使是男人弄髒的，你可以畫個告示，要求他們掀起墊圈之後再尿，或者尿完之後好好擦乾淨。非要求他坐著尿，是不是有點誇張了？奇拉估計絕對不會有個德國男的敢站出來說：「你們女的都站著尿，不就不會被弄髒了嘛？」可能會被德國的女性主義者瞬間秒殺，然後再五馬分屍……

當奇拉故意問老張有沒有可能為了維護家裡的廁所環境而坐著小便時，老張給了奇拉一個比月亮還大的白眼。

好吧，其實老張小便的時候不會弄髒廁所，而且他使用之前會把馬桶墊圈抬起來，使用之後會把墊圈放下來，方便奇拉的使用……

她們是不是中了女性主義的毒？

即使是在女性主義強盛的德國，職場上對女性的不平等待遇仍然存在，各方面的性別歧視並未完全消除。奇拉明白女性主義的初衷是為女性爭取與男性平等的機會和待遇，也非常贊同這個初衷。不過如果矯枉過正，未必就會為信奉女性主義的女性帶來幸福。

在大學裡，奇拉的本科課程使用的課本，也有一課談到了男女平等的話題，所以在四年時間裡，奇拉跟不同屆的幾百名德國學生討論過這個話題。面對著「你認為男人更適合做什麼樣的工作？女人更適合做什麼樣的工作？」這樣一個問題，德國學生給出的答案完全出乎奇拉的預想。

本來奇拉覺得這個問題很簡單，男性和女性的生理結構、肌肉強度本就存在著天然的差別，大概預想中的答案是「男性更擅長需要較多體力的工作，比如：警察、消防員」，「女性更擅長需要細緻和耐心的工作，比如：幼稚園老師等」。當然，答案其實是開放的，無論觀點多麼奇葩，只要學生們能用漢語自圓其說就可以。對奇拉來說，最重要的是學生們運用剛學會的詞彙和語法來表達在男女平等方面自己的想法——訓練語言技能是最重要的，答案的內容反而沒那麼重要。

可是一聽到這個問題，男生們大多都會露出為難的表情，而總會有幾個女生面色不悅地舉起手來。

「我不太同意這個問題的提法，一個人適合什麼工作不應該用性別來區分。不管是男人還是女人都可以擅長所有的工作。」

「因為男人和女人是平等的，所以男人能做的工作女人都能做，沒有誰更適合或者誰一定做得更好的問題。」

「人們總是說，你是男人，所以你會擅長什麼工作；你是女人，就不能做什麼工作，這是不公平的。」

「對，男人能做的一切工作女人都能做，女人能做的一切工作男人也都能做。在這方面不存在性別差異。」

（以上學生們的發言和下面奇拉的回答中，對個別詞句做了修改和潤色，因為大學生的漢語表達能力沒有那麼強，會出現用詞彙和語法錯誤，而奇拉與他們對話時，也會使用比較初級的漢語詞彙。）

奇拉明白學生們的意思之後，覺得學生們否定的地方，跟奇拉提問的立場有某些微妙的差異，所以又重新解釋了自己的問題：

「我問的並不是某一個男性和某一個女性，而是指男性整體和女性整體而言。也並不是說哪個工作誰能做、誰不能做，而是『可能更擅長』。畢竟男人和女人生理上天然的差異決定了他們本身擅長的工作可能不一樣。」

然而儘管奇拉解釋了自己的問題所指，大多數女生還是會死咬著「男女沒有任何差異」這樣一個觀點不放。

能激發學生的表達欲，讓學生們運用漢語詞彙和語法充分闡述自己的觀點、甚至與他人辯論是很好的，不過奇拉下課之後還是有點鬱悶，不明白到底是自己的思想沒進化，還是某些女生的觀點太偏激。

可巧，吃飯的時候，在大學食堂裡遇到了德國同事彼德。奇拉把女生們的觀點跟彼德講了，又說了自己的想法，最後問他怎麼看。

彼德嘆了口氣，說：「男女的差異是生理上決定的，不能完全否認這一點。現在女性主義影響下的這些女生，完全不能跟她們討論這個問題。這個我也沒有辦法。」

聽了他這樣的說法，奇拉倒是長舒了一口氣。

後來在與研究生們討論「就業中的性別歧視」話題時，奇拉聽到了更多客觀的見解與討論。一個學生為小組討論做的總結發言讓奇拉感到欣慰：

「我們認為，男女平等並不是強調某一個性別的特權，如果還需要強調，那就證明不平等仍然存在。男女平等的含義應該是：無論一個人的性別是什麼，他／她都應該享有跟任何人一樣的，按照自己意願選擇自己想不想工作、想做什麼工作的權利，並且得到與付出對等的、公正的報酬。雇主們也應該以一個人本身的特質，去判斷他／她適合或者不適合做什麼工作，而不是僅根據性別來判斷。」

到底什麼才是真正的「女性主義」？

在法國，奇拉也會在生活中聽說一些跟女性主義有關的小細節。比如說：有一天老張對一位年輕女士稱呼「Mademoiselle」的時候，就被別的法國人糾正了，理由是：Mademoiselle（小姐）是法語中對於未婚女士的稱呼，Madame（女士）是對已婚女士的稱呼，可是女性主義者認為這是對女性的歧視，因為現在的法語裡對男性——無論是未婚還是已婚的都只有Monsieur（先生）這一個稱呼。女性主義者認為人們不應該用「未婚」還是「已婚」來對女性加以區別，要嘛一律對女性使用Madame來稱呼，要嘛也應該對未婚或已婚男性的稱呼加以區分。

還有一次老張家的家庭聚會，老張的父母和其他家人預約了一家比較高級的餐館用餐。用餐前，奇拉看到老張的父親會為女士們開門、掛衣服、拉椅子，而老張卻從不做這些事。回到家中，奇拉就半開玩笑地說老張沒有紳士風度。老張卻委屈地說：

「如果你想要我這樣，我也可以做啊，不過在法國如果一個男的不知道一個女的是不是喜歡這樣——尤其是像我們這麼大或者更年輕的女的——你最好不主動幫她做這些事。因為有的女的覺得你這樣是看不起她，她覺得她不用男的幫助，都可以自己做。現在的法國女的比較厲害，她們的觀念不像我父母那一輩，覺得男的應該照顧女的才有風度，現在你照顧年輕女孩，她覺得你是看不起她。」

老張不會說「女性主義」這個詞，不過奇拉完全明白了他的意思。看來女性主義在法國的影響也不可小覷。

奇拉也跟老張以及其他的朋友比較深入地討論過女性主義的話題，雖然也沒什麼特定的結論，可奇拉總是有一個最基本的觀點，就是：古代男人們外出狩獵，女人採集蔬果並負責和老人、孩子們一起看家、做飯等。這就是基於天然生理差異的分工。如果完全否定這一差異，對女性來說不但不是平等，反而是一場災難。

因為在女人的一生中，無論她再怎麼強大，也總有男人不會經歷也不會真正理解的、絕對脆弱的時期，比如說：懷孕期、產褥期、生理期。說到底，女人可以在脆弱的時候得到特殊的照顧，而不用假裝堅強、去跟男人拼什麼形式上的平起平坐，才是真正的「女權」，不是嗎？

假設一個女孩子覺得自己必須跟男人「平等」，所以她在生理期還做重體力活，懷孕的時候想休息也不敢休息，生完孩子只休息一個星期就重返職場正常上班……這樣所謂的「平等」對她真的好嗎？對孩子好嗎？對女人公平嗎？讓女性一方面經歷了男人沒經歷過的苦難，另一方面還得付出得跟男人一樣多，做得跟男人一樣好，這樣真的是尊重女人嗎？這簡直是挖了坑讓女人往裡跳嘛！

其實在現實世界中，生完孩子只能休息三個月，身心還沒完全康復就得回到職場跟男人拼殺；工作半途得躲在洗手間裡擠奶；晚上為了照顧孩子起夜十次，白天還得帶著黑眼圈準時上班，承受別人「上班精神不集中」、「幹活沒效率」、「心思都不在工作上」等等負面的評價；下班老公還雙手一攤，等著女人帶孩子、做飯……還有，考場上，那些忍著生理痛和「經期腦缺血」跟男生一起參加決定命運的高考的女生們……這才是被我們見怪不怪的、對女性痛苦視而不見的真正歧視，真正的不公平。

尊重女性不應該只做表面工夫。女人一生中某些註定要承受的苦難，比如上文提到過的：經期的鮮血淋漓、大腦缺血的昏沉感——如果你有痛經的話，那就是每個月經歷一次地獄洗禮；更不用提生孩子時十幾個小時斷斷續續、不斷加劇到十級的陣痛……男人無法真正理解這些痛苦並不是他們的錯，可是某些男人的言論確實會刺傷女性、招來憎恨，比如說：「不就是月經嗎，哪個女人沒有啊，怎麼就你難受成這樣啊？」或者「不就是生個孩子嗎，哪個女的不疼啊，別矯情了。」

奇拉認為真正的「女性主義」應該是，先讓男性去體驗——體驗月經失血時的無力感；體驗生子時相當於數根肋骨同時折斷的十級陣痛；體驗每夜起來三次餵奶，每次保持清醒一個小時，然後第二天照常上班，如此持續三個月……在這之後，男人也許就會明白「原來真的不容易啊」、「是我的話絕對堅持不了」……然後真正的理解也許就會到來，女人才有可能得到恰當的、應得的、真正的公平待遇（與生育有關的吐槽請看下一篇）。

女人在生命裡某些脆弱階段，能夠心態平和地得到男人以及社會制度的特殊照顧，而不用去追求在形式上跟男人平起平坐，才是真正的「女性主義」。希望我們的下一代都能得到真正的「女性權利」，而不要掉進「極端女權」和「形式女權」的陷阱裡。

7.生孩子、養孩子

生孩子、養孩子，不光是人生的一個巨變，也是婚姻的一道關卡。從懷孕開始，兩人之間很多本已形成的默契、本來已經可以迴避的衝突，都可能會被重置。等到孩子出生，從前的生活在一夕之間被顛覆，很多平衡被猝不及防地打破，很多事情需要重新分工……許多新問題在本來就已精力窘迫、睡眠缺失的生活裡一股腦地蜂擁而至，這對兩人的感情基礎、耐心和體力都是極大的挑戰。在很多家庭裡，還要面對請一方父母來照顧孩子所帶來的、兩代人的觀念衝突。與此同時，家庭的未來規劃、母親的職業生涯，也都可能會因為孩子的降生而發生改變。

總之，一個柔軟新生命的降臨，對各方面都是考驗。上面提到的所有問題是一般家庭也會遇到的，而在跨國家庭裡還會出現一些特有的問題。跨國家庭有著更多的選擇，也可能因此產生更多的矛盾。

鼓勵生育的正確姿勢：優惠政策

大家大概還記得前文講過的德國金髮工程師萊河和法國姑娘瑪

蒂，我們不妨先從剛生了孩子的他們開始講起。瑪蒂抱著六個月大的兒子對奇拉說：

「生孩子真是應該在德國生！他們的育兒假超級長，父母兩方都有，而且父母兩個人還可以比較自由地安排時間。你看在法國，男的只有十四天的育兒假。第一個孩子因為沒經驗、心裡沒底，我還是選擇回法國生的，要是生第二個孩子的話，一定在德國生！」（作者按：二〇二一年五月，法國頒布了一項新的法令：從二〇二一年七月一日開始，父親的育兒假增加到二十八天。）

奇拉聽了她的話只能頻頻點頭表示贊同，沒敢跟她說中國的產假是什麼情況。而對於德國的「育兒假（Elternzeit）」，奇拉最直觀的印象，是來自剛到德國大學工作的第一個學期。記得那個學期，德國同事彼德只露了個面，給奇拉介紹了工作內容，之後就說自己在休育兒假，然後一直都沒來上班。那時候奇拉覺得很奇怪，一個男人休育兒假？到底要休多久？

經過了第一個學期（大概五個月）漫長的等待，再加上悠長的大學假期（大概三個月），到了第二個學期，彼德終於來上班了。熟識之後，奇拉就問起了他那超長的育兒假是怎麼回事。彼德說：「這就是我們德國的『父母時間』，男女兩方誰都可以享受作為父母的時間，陪伴孩子。」那時候奇拉沒有孩子，也還沒打算生孩子，所以只是驚訝於德國育兒假時間之長而已。到現在，明白了生、養孩子初期的許多艱辛之後，再想起德國的育兒假，奇拉就只有各種羨慕嫉妒恨了。

在德國，對於職業婦女來說，分娩後享有八周產假（早產或多胎產假至少十二周），而所謂的「育兒假」是在產假之後才開始計算的。

官方的說法是，父母兩方加起來可以享受十二到三十六個月的育兒假，兩人可以在孩子三歲生日之前的三十六個月中選擇十二個月。如果需要的話，還可以在孩子三到八歲之間使用二十四個月的育兒假。在孩子滿三歲之前，每位員工都有權享受育兒假。在員工休育兒假期間，雇主不能解雇員工。

關於育兒假的休假情況，具體細節應與雇主協商，根據家庭不同情況也有很多更為細緻的規定，但總體上，從這可觀的假期長度已經可以看出瑪蒂為什麼信誓旦旦地要在德國生第二胎了。

有些父母也會把育兒假作為改變生活的跳板，他們在育兒假期間尋找新的職業，在結束育兒假的時候就提出辭職，去開啟一段新的職業生涯。

在收入方面與育兒假相關的是「育兒津貼（Elterngeld）」。每個孩子誕生之後，政府就每月發放「兒童福利金（Kindergeldes）」，幫助父母撫養孩子。（這個福利金的金額一般等於父親或母親從前工作收入的百分之六十五到百分之百，最低三百歐元，最高一千八百歐元。福利金發放時長從兩個月到十二個月不等。另外，金額根據是第幾胎生育也會有變化，從二〇一九年七月開始，第一胎和第二胎的兒童福利金額定為兩百零四歐元。生第三個孩子，父母可以獲得兩百一十歐元的兒童福利金，從第四個孩子開始，可獲得兩百三十五歐元的福利金。）

關於育兒津貼，政府還有各項詳細的規定，比如：夫妻中如果只有一方休育兒假和夫妻兩人都休能領到的津貼不同等等。不過假期長、父母都可休育兒假陪伴孩子、充足的育兒津貼等，都令人羨慕不已……這些優惠政策，才是政府鼓勵生育的正確姿勢吧？

在法國，女性生第一個孩子的產假是生產前六個星期，生產後十個星期；生第二個孩子的產假也是一樣；第三個孩子是生孩子之前八周，之後十八周。孩子出生後的四個月之內，爸爸可以休育兒假十四天（連續的十四天、包括週末。二〇二一年七月一日後改為28天）。

生育第一個孩子的「育兒假（conge-parental）」是十二個月，可以分給爸爸媽媽兩個人（兩個人可以同時休假，也可以錯開時間），每個人最多休六個月。育兒假原則上應該在孩子三歲以前使用，遇到某些特殊情況，比如：孩子沒有得到托兒所位置等，可以延長育兒假到孩子三歲以後。休育兒假時沒有工資，政府給每個父母每月三百九十六點零一歐元的津貼。

經濟方面，每個孩子剛出生時能領到一筆九百四十四歐的「出生津貼（prime-de-naisssance）」，之後每月的「基本補助（allocation-de-base）」大概是一百七十一點二三歐元（具體金額會根據具體情況浮動。如果家庭收入超過某個標準，政府就不給予補助了）。這個基本補助一般可以領到孩子三歲，如果生了三胞胎，可以領到孩子六歲。

總的看起來，法國的生育政策也是很不錯了——雖然可能沒有德國的那麼好。奇拉對瑪蒂的「身在福中不知福」表示基本無語……

誰來幫忙帶孩子？壓力、壓力！

在奇拉的採訪對象中，接受採訪時孩子最小的夫婦是前面提過的凱麗和雅克（美國華裔-英國白人夫婦，住在北京）。凱麗在電話的那一端，一邊照顧著自己剛剛三周大、不時哭鬧的女兒，一邊跟奇拉說起她跟自己的母親，以及她跟月嫂的許多不同想法。

也許是因為凱麗從小在美國長大，受美國的文化影響，在她看來，母親和月嫂都有很多令她驚訝的想法，比如說：母親堅持讓她一定要請月嫂，可是凱麗覺得應該自己照顧孩子；母親讓她「坐月子」，可是她覺得一個月不洗澡絕對是「瘋了」，生孩子第二天她就洗了澡；母親不讓她生吃水果，把水果都煮熟了才給她吃，她哭笑不得；母親讓她喝雞湯，可是月嫂說不應該喝母雞湯，而應該喝公雞湯，不然就會回奶，弄得凱麗有點抓狂，她覺得：「它就是雞，不是嗎？雞的湯，有那麼複雜？」；月嫂不讓凱麗總抱孩子，可是凱麗就是想要隨時抱自己的孩子，她覺得作為媽媽想抱孩子很正常；月嫂覺得凱麗家裡太冷，想讓凱麗每屋買一個電暖氣，凱麗覺得沒必要；月嫂也覺得應該買一個單獨給孩子使用的塑膠浴盆，凱麗也覺得沒必要……

雖然凱麗也承認，母親確實幫了她不少忙，月嫂也幫她做一日三餐，半夜孩子哭鬧時，有月嫂的幫助，她可以快點回去睡覺。可是凱麗還是決定孩子一滿月就辭掉月嫂，這樣她能夠按照自己的想法帶孩子，雖然累一點，卻省去了跟月嫂溝通、解釋等許多麻煩。丈夫雅克跟凱麗在育兒方面的觀念和想法比較一致，也很支持她的各種決定。雖然雅克有一些與凱麗母親不同的觀念和想法，但他很少說出來，這在一定程度上避免了衝突。

如果跟月嫂觀念不合，辭掉就好了，可是如果主要靠家裡的老人來幫忙帶孩子，那就沒那麼簡單了。一些跨國夫婦在與老人合作育兒的方面感受到了較大的壓力。前面數次提過的齊仲生和施揚（加拿大華裔—中國夫婦，住在北京）就在女兒出生後的十個月中，遇到了這方面的問題。

一開始，當施揚的母親要住過來幫忙照顧孩子的時候，齊仲生有一種很樂觀的態度，他認為「岳母人很好，應該沒什麼問題，而且施揚如果能得到她媽媽的照顧那應該是最好的，比有一個外人（月嫂）來照顧應該要更好。」可是當岳母真的住過來、開始照顧孩子以後，齊仲生才驚訝地發現，習慣和觀念上的差異帶來了很多的艱難時刻，而且印象裡和藹可親的岳母有些時候對待施揚的態度也讓他難以接受。儘管他也屢次強調「岳母她也很辛苦，幫了我們很多」，可是他也承認，很多時候會有「受不了」的感覺。

「我認為我們最累的就是孩子剛出生的那兩周，那些文化衝突比較明顯。其實都是小事，比如說：岳母大熱天還給孩子蓋被子；老認為只餵母乳不夠，沒有營養，總讓施揚給孩子餵奶粉；給施揚做的飯也很鹹，而其實哺乳的媽媽應該儘量少吃鹽……說了很多次她才開始改變。我們認為我們說的很科學，也不明白為什麼她就反對我們。我岳母還說不要相信醫生……加上我們也不習慣跟她一塊兒生活，所以那兩周我們真的是壓力很大。」

尤其是當孩子生病的時候，每個人的壓力和疲憊都到了極限，很容易爆發。孩子剛出生時，黃疸總是不褪，齊仲生和施揚心急如焚。岳母卻在這時責怪施揚：「誰讓你懷孕的時候不好好吃！」當齊仲生和施揚拒絕岳母的某些育兒建議時，岳母會對施揚發火說：「你以為你什麼都懂了？」偶爾岳母還會指責他們家裡的髒亂，對施揚說：「你就是懶。」

語言是傷人的利器。至親的人在你最脆弱的時候說出來的苛責，殺傷力堪比核武器。奇拉對齊仲生和施揚受到的傷害感同身受，也想替他們以及許許多多請家裡老人幫忙帶孩子的新手父母，尤其是新手媽媽們，寫出下面的幾段話：

我沒認為我什麼都懂了，但時代在進步，醫學在發展，現在和三十年以前不一樣了。我並不是不尊重你們養育自己的孩子（——也就是我）的成功經驗，但是也請允許我按照自己的意願、結合當下的醫學知識，來養育我自己的孩子。

我心裡很明白，來幫忙帶孩子的你們非常辛苦。我沒有體力和精力一遍一遍地口頭表達對你們的感謝，並不代表我忘記了或者沒意識到這一點。如果你們能在我需要的時候給予說明、提供寶貴的經驗和建議，我將非常感激。我接受你們建議的時候，肯定會覺得內心安穩，有所依靠；如果我拒絕了你們的建議，也並不意味著我拒絕了你們的親情和關心，不意味著我「不領情」、「沒良心」，不意味著我不明白你們幫忙帶孩子的辛苦和勞累，更不意味著我不尊重你們。有可能這只代表我想要按照自己覺得正確的方法去試試——儘管這在你們看來可能非常愚蠢，但這是我們從新手爸媽成為合格父母的必經之路。畢竟每個孩子都有他／她的獨特性，未必能照搬養育其他孩子的經驗。

如果在我拒絕你們建議的時候，你們仍能心平氣和地接受，不憤怒、不指責，不用讓我在一切手忙腳亂、一切身體的痛苦和精神的疲憊之外，得再去安撫你們的情緒、承擔你們的憤怒，那我面對的就是育兒的天堂，反之則會有（我無法控制的）極端情緒的漩渦、暗地裡止不住的淚水，內心的懷疑與絕望……沒準產後抑鬱症就會在不遠處招手。

也許我確實沒吃過你們年輕時吃過的苦，沒受過你們從前帶孩子受過的累，但新時代裡的每個女性也面臨著與過去不同的各種困境，也受到了來自職業和社會的、更高的要求。我所承受的一切苦難也絕不是矯情。

我是孩子的母親。當孩子哭鬧、不適甚至生病的時候，我，是最焦急、最難過、最受煎熬的人（或者至少是是最焦急、最難過、最受煎熬的人之一）。在壓力和疲憊大到讓每個人都接近崩潰的時候，至少希望最親近的人之間，能多一些尊重和理解，少一點負面情緒的宣洩和互相傷害。也希望我們能在父母非常正確的育兒道路之外，自由地開闢一條相似卻不完全相同的、屬於我們自己的育兒之路。

生育改變生活一：重置人生規劃

有了孩子以後，新手父母們不但需要在體力的極限狀態處理與各方的矛盾，還可能會開始從不同的角度去看待生活，從而改變人生規劃。

凱麗和雅克已經在北京住了十三、四年，他們很適應在北京的生活。可是女兒出生後，他們綜合考慮了孩子今後的成長道路和北京的空氣品質等因素，最終決定要搬回美國居住。

若干年前，奇拉本來也是打算跟老張一起在北京生活，結果兩人一起從德國搬家到北京之後沒幾個月，奇拉就懷孕了。正趕上那年冬天北京的霧霾奇重，把剛從德國回來的奇拉嚇傻了。孕期在連對面的樓都看不清的城市度過，連洗完晾在陽臺上的衣服都會染上奇怪的霧霾味……奇拉真的不想讓孩子在這樣的環境下長大。再加上中國的疫苗和法國疫苗之間沒有互認，如果孩子在中國注射各種疫苗，就沒有法國的疫苗記錄，而沒有疫苗記錄就很難合法地上幼稚園、入學。在這樣的情況下，生孩子時大出血的奇拉毅然辭去了大學的終身教職，拖著虛弱的身體、頂著完全不會法語的腦袋，和老張一路抱著三個月大的孩子，坐汽車換飛機，十小時飛行後再換火車，再坐汽車，不眠不休行程整整二十四小時，才終於踏進了法國的家門……

前面提過的以色列人列特和山東姑娘李潔，也給奇拉列舉了一些他們搬家回到以色列的原因。除了覺得在北京生病花錢多；住房供不應求，很難買房以外，他們也提到了為孩子的考慮：一是擔心北京的空氣品質和食品安全問題，二是覺得以後孩子上國際學校「超級貴，教學品質也未必好」，所以他們選擇在生孩子之前結束了七年的北京生活，搬家去了以色列。在以色列，因為李潔已經跟列特結婚了，所以她可以得到居留卡和國家醫療保險，他們在列特家鄉的居住等其他條件也比在北京好得多，所以兩人最終在以色列生下了兒子。到接受奇拉採訪的時候，他們的兒子已經一歲半了。

生育改變生活二：凸顯家庭矛盾

在對列特和李潔的採訪中，奇拉提到了孩子的降生常常會凸顯家庭矛盾。以前如果夫妻兩人的某些習慣或生活觀念不同，兩人可以你按你的習慣，我按我的習慣，互不干涉就好。比如說：你喜歡吃乳酪，我不管，別讓我吃就行；你早上洗澡，我晚上洗澡，誰也不妨礙誰；你大冬天還穿短袖，你不冷就行，我願意穿多少層也是我的自由……只要兩方都不是特別雞婆，非要對對方指手畫腳，日子就過得下去，一個問題總是可以有多種解決方案。可是有孩子之後就不一樣了，在孩子身上只能有一種解決方案，衣服多穿還是少穿？喝冷水還是和熱水？都只能做唯一的選擇，很多矛盾就會被激化。

列特聽了，表示衷心贊同，然後給奇拉講了他和李潔之間無限迴圈的疊衣服問題：

「以前我們家都是我整理衣櫃，我一般都會放得比較整齊，李潔就放很亂，可是反正她的衣服她就隨便吧。到了孩子出生以後，我就問她孩子衣櫃裡的衣服她想怎麼安排，李潔就說『隨便』，讓我來放。所以最開始給孩子的衣服都是我整理的，本來我整理得非常好，上衣放在一疊、褲子放在一疊、連身衣放在一疊……然後李潔照顧孩子的時候，只一天，所有的衣服就都亂了。結果我們每次要給孩子換衣服的時候就亂找，孩子在那兒光著身子怕著涼，所以我就對李潔說：『那我們現在按照你覺得方便的方法來放孩子的衣服，你說怎麼放我們就怎麼放。』李潔就又說『都可以』，我就又把衣服重新分類放好。可是過了一天，又都亂了。」

（列特說到這裡，李潔反駁說：「不是一天，是三天。」）

「好吧，是三天。所以過了三天，又全亂了，所以我們該給孩子穿衣服的時候還得亂找。關鍵是，如果你觀察為什麼衣服會這麼快亂掉就會發現，每次李潔她拿出來一件衣服之後，她覺得不滿意，就要換另一件——雖然我完全不覺得這兩件衣服有什麼區別，但是她想要換那也可以——但問題是她放回去的時候不會給疊好……」

（列特說到這裡，李潔又反駁說：「那我急著給孩子穿衣服，哪兒有時間疊好？」）

「那你沒有時間給疊好是吧，那也可以，可是你最少可以把從哪一堆裡拿出來的衣服丟回到那一堆裡去，這樣至少同一種的衣服還是在一起。可是你就亂扔回去，所以最後又是所有衣服都亂成一團了。」

（「那我雖然亂扔回去，可是我想要找這件衣服的時候我還是找得到。」）

「對，找得到是找得到，關鍵問題是你花了多長時間亂翻，才能找得到。」

（「我就花一分鐘。」）

「真的嗎？你說的這個『一分鐘』到底有多長？」

……

電話這邊，奇拉聽著列特和李潔像說相聲一樣的爭論，又是笑得合不攏嘴。連疊衣服這樣的小事都能激化矛盾，其他的就更不用說了。

在奇拉家裡，孩子兩歲之前，很多事情也是經歷了這樣不勝其煩的階段。最終結果是老張在奇拉的事無巨細中投降了，像孩子穿衣、吃飯這些事情都是奇拉說了算。等到孩子兩歲以後，基本上就問孩子要怎樣，孩子要吃乳酪，就吃；不肯吃香菜，那就算了。除了必須得堅持的事情以外，都可以按照孩子自己的想法去做，也省了兩個人爭論不休。

生育改變生活三：母親的人生

有了孩子以後，會受到挑戰的方面還有母親的職業生涯。（奇拉的德國同事）彼德的太太艾米是一位出色的高級德漢口譯員。當她聽說奇拉跟老張搬到了法國生活時，就對奇拉說：「你在法國養孩子，如果你願意的話，可以比較快回去工作。在法國當媽媽有這個自由，這非常好。可是在德國就不行，如果一個媽媽在孩子三歲以前出去工作，可能會被人叫做『烏鴉媽媽（Rabenmutter）』，意思是『不負責任的、不管孩子的媽媽』，就是壞媽媽。可是並不是因為當了母親，我們就應該失去選擇就業的自由吧？如果孩子可以被他／她的爸爸或者其他人很好地照顧，為什麼媽媽就不能出去工作呢？我出去工作，也是在辛苦地掙錢養育孩子啊。那些單身的媽媽們，她們也是一邊工作、一邊帶孩子，那她們就都是壞媽媽嗎？」

奇拉覺得艾米說得很對，女人即使做了母親，也應該有選擇去工作的自由——雖然奇拉個人寧可選擇陪伴孩子——可是擁有自由的重點是在於你能夠選擇自己想要的，而不在於選擇的是什麼。提到單身母親這個話題，奇拉倒是覺得心裡多少有些難受。

在孩子一歲到三歲之間，奇拉和老張慎重選擇了一位經驗豐富的保母（Nourrice，法國國家註冊的合法保母），名叫婭妮，每週若干小時把孩子送到她家託管。一來是這樣奇拉可以喘口氣，二來孩子也有機會跟同齡的孩子一起玩耍。法律允許每個保母最多可以同時照顧四個孩子，所以奇拉日常間也就認識了同樣把孩子送到婭妮家託管的其他幾位媽媽。僅僅兩年間，奇拉就認識了三位單身媽媽。

「法國怎麼有那麼多單身媽媽？」奇拉問老張：「孩子還那麼小，爸爸媽媽就分手了，這對孩子多不好啊？」

老張很認真地答道：「我覺得這是法國輿論的誤導，總是強調女人能生育孩子多偉大，生育孩子是女人的權利等等。結果是很多女的她們很年輕的時候就生了孩子——比如說你看在婭妮家託管孩子的馨娣，她就是十八歲生的孩子，然後一個人帶孩子——可是她們還沒來得及想好跟孩子爸爸的關係，也沒想好孩子以後的生活，就只是為了生孩子而生孩子。我覺得這挺可怕的，可是很多法國女的就覺得生孩子是好事，是她們的自由，她們就生了。」

這些年輕的法國單身媽媽過得好嗎？她們的生活真的是像輿論渲染的那樣獨立、自由且瀟灑嗎？

奇拉後來跟保母婭妮聊天，間或聽婭妮說起過馨娣的生活。據說有一次馨娣的兒子生病（她兒子好像經常生病），恰巧馨娣的母親也生病，不能幫她，所以馨娣自己一個人照顧發燒四十度的兒子，帶他去看病、給他做飯，整夜看護、餵藥……堅持了三天三夜，第四天終於給婭妮打電話，問婭妮能不能去她家裡「幫兩個小時的忙」，以便她可以「睡上兩個小時」。

婭妮對奇拉說：「說實話，去她家看孩子，這不是我的工作。我的工作是在我自己家裡照看託管給我的孩子，而且法律規定生病的孩子不能送到我家裡，應該由父母來照顧直到孩子痊癒。可是她這樣的情況如果我不管她，那她怎麼活下去啊？三天三夜焦急地照顧孩子，她自己也沒怎麼吃飯、睡覺，她這樣的情況再迷迷糊糊地照顧孩子，那孩子也很危險啊。她以前的男朋友早就跟她分手了，雖然法律規定男方也有義務照顧孩子，但是聽馨娣說，孩子幾個月大的時候，她曾經把孩子送到孩子爸爸（和他新的女朋友一起住的）家裡一個上午。到她去接孩子的時候，孩子還在原地沒動過地方，尿布也是一上午都沒換過，孩子哭時他也不管，就是自己在跟女朋友玩手機。所以我如果不去幫她，她怎麼辦？真沒辦法。她兒子我也照顧了將近一年，都熟了，所以我就去幫她看了兩個小時，她睡了兩個小時，吃了點飯，之後非常感激我，說她已經好多了。」

這一番話讓奇拉聽得心驚肉跳，彷彿親見了人間地獄。其實奇拉一直搞不懂，西方女人生完孩子的各種強悍：到底是真強悍還是為了「女權」而打腫臉充胖子？這也許是因為奇拉自己太孱弱，所以才會產生的狹隘偏見吧……不管怎麼說，當媽媽不是件簡單的事情，需要慎重，再慎重！

生育的真相

關於生育這件事，世界性的輿論誤導絕對是真實存在的。

看看所有的電視畫面和輿論宣傳，哺乳（媽媽給孩子餵母乳）這件事從來都是一副溫馨的畫面，媽媽笑得多幸福，滿臉閃爍著聖母的光芒；孩子乖巧柔軟，讓電視螢幕之外的你都想沖上去抱一抱……可是真相呢？有誰告訴過你，哺乳時其實是會疼得鑽心？胸前最敏感、脆弱的部位，被一個小生命毫不憐惜地狠命叼住，使勁吸吮，那種疼痛，沒有經歷過的人是不會懂的。奇拉在哺乳的前三周，每次餵奶都會疼得忍不住大叫，疼到幾乎條件反射地想要把孩子的頭推開……而且要知道，母乳基本上每兩個小時就要餵一次……乳頭破裂，血和奶一起被孩子狠命地吸食……有些媽媽在熬過了最開始的幾周之後，哺乳時疼痛會有所減輕——如果孩子不是經常使勁捏住乳房或者在媽媽肚子上使勁連蹬帶踹的話。對這些媽媽來說，在自己和孩子都掌握了一些技巧後，哺乳也能漸漸變得容易起來。可是也有些媽媽忍受不了哺乳的疼痛和辛苦，改用奶粉來養育孩子。儘管如此，勇敢嘗試過哺乳的她們仍然是了不起的媽媽。

奇拉並不是故意要在這裡描述一些令人不快的場景，而是事實的真相就是如此。生育和哺乳血淋淋的真相，人們不願面對，就去美化它，最後掉進美化陷阱裡的都是女人。想像著無比溫馨的畫面開始第一次哺乳的女性，在遭受第一次鑽心疼痛還哺乳失敗的時候會是什麼樣的表情，什麼樣的心情？這時候身邊的男人心裡還會覺得：哺乳多溫馨啊，你該享受美好的幸福啊，怎麼別人都那麼享受，就你那麼痛苦？是在矯情吧？

某國王妃總在生完孩子數小時後就以完美形象站出來供公眾觀瞻，這也是人為製造的、關於生育的完美假象。很多男人（包括年輕女孩子們）不懂得：生孩子不是這樣的。剛生完孩子的女人也不是這樣的。社會、輿論的大環境讓他們沒機會懂得，也不想面對這些真相。

剛生完孩子的女人是什麼樣的？奇拉的親眼所見是這樣的：醫院走廊裡能看到的、能慢慢從房間裡挪動出來的、剛分娩三天之內的新媽媽，沒有一個不是臉色難看、蓬頭垢面的。奇拉覺得自己移動的速度還比很多人快一點兒，所以覺得自己雖然大出血，但狀態還算不錯（跟自己想像的，會像死了一樣癱在床上比起來）……然而生完孩子的第三天，第一次自己去洗手間的時候（生完後第一天去洗手間昏迷了一瞬，差點摔在地上，所以之後兩天一直都是在床上用尿盆），意外瞥見了鏡子裡的自己，真的把自己給嚇了一跳——臉色白裡透灰，兩個大黑眼圈長長地從眼尾拖出，嘴唇基本沒有紅色，只比灰白的臉色紫那麼一點點……奇拉一抬眼看見鏡子裡的自己時，腦子裡閃出的第一個念頭是「媽呀！洗手間裡有一隻吸血鬼！」真的沒覺得鏡子裡那個顏色不對、不成人形的生物竟會是自己！對著鏡子自己把自己嚇到，在奇拉的生命裡這絕對是第一次。原來走廊裡那些產婦的臉色都比奇拉好看多了，可笑奇拉還覺得自己比人家走得快呢。

真相總是令人不快，而有些男人面對真相的姿態就更令人不快。

曾在網路新聞裡看過有些男人在陪產中面對老婆陣痛難忍的慘叫驚慌失措，或者是在產床邊一直講冷笑話，被老婆吼「滾出去！」……這樣的男人大概缺乏的是對生育真相（老婆正面對著什麼、經歷著什麼）的瞭解，以及用心去理解、共同來擔當的勇氣。

在西方很多國家，女人生產時通常都是丈夫或男友陪產。現在中國可以陪產的醫院和敢於陪產的男人也越來越多。奇拉覺得，如果可以陪產的話，一定要讓丈夫陪產，讓他看到生育的真相，直觀感受到新生命誕生的艱辛——雖然不可能感同身受，但目睹了一切苦難的他，至少就不會覺得孩子是像打個響指那麼容易就掉出來的，也不會不明白你為什麼生個孩子那麼累？

在很多婚姻中，只有到生了孩子之後，你才知道自己嫁了個什麼樣的人：

在兩個人都疲憊已極的時候，他是寧可自己勉強爬起來去餵奶，還是讓你忍著沒癒合的剖腹產傷口獨自起床去餵奶，理由是「明天我還要上班啊」？

孩子萬一有些狀況（生病了、摔傷了），他是第一時間責怪你沒看好孩子，還是抱著你、安慰你說「沒關係，不是你的錯」？

面對其他人對你育兒方法的批評甚至指責，他是第一時間站出來維護你，還是作壁上觀在旁邊默默無語，任憑你自己辯護？還是他雖然平時都不怎麼管孩子，這個時候卻像個育兒專家一樣，站在別人一邊，說你帶孩子哪裡不對？

他下班回到家儘管很累，是會接手抱過孩子，讓你有一點休息的時間，還是認為「我上班了，你沒上班啊！你整天在家裡，就是帶個孩子，為什麼飯還沒做好？」然後在沙發上翹起二郎腿玩手機，等著你邊帶娃、邊做飯？

男人和男人之間的區別是，雖然都無法切身體會到陣痛有多疼、生孩子前心裡有多怕、生孩子後身體走樣的自卑、一個人在家沒日沒夜帶孩子的疲憊……但有些男人努力去理解你所經受的一切，尊重你的感受，願意試著去做些什麼讓你好過些；而有些男人否定你的感受，主觀地認為沒什麼大不了的，覺得你只是在矯情——他們不想看見，也不想聽見。你的生活天翻地覆，而他們的生活裡只是多了個孩子，並且管這個孩子是你的事。

雖然奇拉見過的（大概同齡或更年輕些的）西方男人，一般都會跟妻子共同分擔帶孩子的任務和家務，但男人並不能以國籍來區分。任何國家、任何年齡的男人都有好的，也有糟糕的。關於男人「靠譜」還是「不靠譜」的問題，讓我們留到後面再來討論。

在異國文化中養育孩子——巨大的失落感？

懷孕生子是一年的事，而養育孩子是一輩子的事。在異國文化中養育孩子，可能會因為文化差異而產生巨大的失落感。

在第3篇「飲食和生活細節」開頭提到過的中國南方女人郝英就曾建議奇拉，等孩子大一些，一定要把孩子送回國內生活、學習一兩年，讓孩子對中國文化有些基本的理解，才不至於跟孩子有太大的文化差異，導致互相無法理解。

郝英一共有三個兒子和一個女兒。大兒子在中國長大，二女兒卻是很小就來了法國，從小在法國受教育。隨著女兒漸漸長大（到十五歲），郝英在對女兒的教育上感受到了巨大的失落。

「我只有這麼一個女兒，可是現在她腦子裡都是些學校裡教的白人的想法，然而她自己又不是白人，我就等於丟了這個女兒。我給她看《西遊記》，她很勉強地翻了一遍，然後不屑地跟我說：『孫悟空到底有什麼好看的？不就是一個猴子亂打亂鬧，把什麼都弄壞的故事嗎？法國好多故事都比這個好看多了。』

我跟孩子們一起聽中國的老相聲，大兒子還能跟著一起笑，覺得有意思，她就不行。她漢語倒是沒問題，可很多文化層面的東西都不明白，所以她不明白哪裡可笑。她看著我們笑，覺得我們有毛病。」

郝英和女兒之間雖然確實有文化差異，但她女兒至少漢語水準沒問題，日常的交流都可以用漢語。而在異鄉中，還有很多像陳茵那樣的母親，不能跟自己的孩子用自己的母語順暢交流——這不能不說是人生的一種遺憾。

靈魂拷問：你為什麼要生孩子？

生孩子難，養孩子更難。奇拉雖然生孩子之前沒料到，有孩子之後的生活如此疲憊而複雜，但當初也並不是沒做過心理建設。其實在決定要生孩子之前，奇拉曾經認真思考過「為什麼要生孩子？」這個問題，並且向身邊可能知道答案的人一一提出了這個人生的終極疑問——

「你為什麼想要孩子？」

已經有三個孩子的德國同事彼德認真回答：「我不知道。我真的不知道。」

奇拉的媽媽說：「當然得要孩子呀，得有孩子，孩子是生命的延續呀。」

當時正在努力實施造人計畫的閨蜜說：「能跟著孩子重新長大一次，多好呀！」

曾經的領導、結婚多年不要孩子的中年女教授說：「我們認真思考過，最終決定不要孩子，因為在這個大環境下，我們都覺得很難給孩子我們想給的那種快樂和幸福。」

其他的回答也有：「沒有理由！就是肯定想要啊！」或者「肯定不會要，因為現在已經很好了，沒覺得生活裡還需要一個孩子。」等等。

在這個世界上，有從記事起的終極夢想就是「當媽媽」的女人，也有打破頭都想不到要孩子理由的女性，兩種都很平常，也不必去做什麼道德判斷。可提問的結果是，奇拉最後也沒得到想要的答案。

最終奇拉要了孩子的原因是：老張想要孩子，奇拉也不反對。

奇拉從年輕時就結識的好朋友都知道，奇拉從十八歲開始一直到三十歲結婚以前，都認定了這輩子絕對不會要孩子，理由是絕對不想要孩子從小沒有快樂童年，一味拚命學這學那，跟同齡的孩子們拚英語、拚奧林匹克數學競賽、拚各式專長，然後再去經歷奇拉所經歷過的、夢魘般的高中與大學入學考試——即使全都如願以償考入自己理想的院校，還是留下了一輩子的心理陰影。結果，十幾年後老張的出現，竟如清風拂山崗般化解了這個問題——如果孩子在法國長大，就不必有那麼慘烈的中、高考。於是奇拉才開放了要孩子的可能性，但仍然沒覺得有一定要生孩子的理由。

可是後來，隨著孩子的出生和長大，奇拉在時而疲憊又崩潰，時而幸福又欣慰的生活中漸悟了屬於自己的答案：

生養孩子會讓你找回那段遺失了的人生記憶。關注著孩子每一個最細小的改變，看著他／她一點點長大，你才會明白，「啊，原來一個孩子是這樣長大的啊！」然後你會忍不住去問自己的父母，自己小時候是否也是這樣的？漸漸地，你在孩子柔軟的提示下，從父母那裡取回那段塵封已久的年華。

許多年後的今天，奇拉想要寫下凱麗在採訪中給出的、她與雅克的答案：

「我們都知道我們一定想要孩子，因為我們都覺得父母為孩子自豪的感覺是一種特別好的感覺。我們現在看著孩子一天天長大，為了養育她，我們也讀了很多育兒的書籍。我們陪孩子玩、給她讀書，這些都是幸福的事。我非常興奮地想看到孩子長大的過程。能看到、經歷這一切，這是生命給予我的、最好的禮物之一。我們不向孩子期待任何事，她只要健康快樂就好。她在她的生命中會有很多不一樣的機會，我們只去幫助她就好。」

最暖心的一句

在生完孩子後的四年間，奇拉聽到過的（除了老張說的以外）最暖心的一句話，是托尼說的那一句：

「尊重孩子媽媽的意願，最重要的是媽媽的感受。」

托尼（法國和義大利混血，在法國長大）是老張從少時就非常要好的朋友，說這句話是一次他帶著自己的老婆和半歲大的孩子來奇拉和老張家做客。奇拉看他在給孩子換衣服、換尿布、餵輔食之前，無論什麼事都要先請示老婆，就半開玩笑地問他，孩子的事怎麼他說了不算？托尼便認認真真地回答了這麼一句。

從剛開始跟老張談戀愛，奇拉就已經認識了托尼，早從老張的講述裡知道，托尼年輕時一直是那種女朋友換得很勤，在女孩子中間很受歡迎，偶爾還會做些荒唐事的風流男人（好吧，他雖然瘦，但確實比較帥）。奇拉總覺得他跟好男人、好爸爸之間差了不只十萬八千里。

可這句話瞬間改變了托尼在奇拉心裡的形象，看著他圍著孩子忙前忙後，讓老婆有時間跟朋友聊天，奇拉感覺過去的風流浪子已經成功轉型成為了一位成熟暖爸。

最重要的是媽媽的感受——若每個新手爸爸都能發自內心地說出、並身體力行地去實踐這一句話，那麼新手媽媽們應該能在艱辛的育兒路上感受到無限的欣慰和幸福吧？

無法忘記過去的苦難，即使已經時過境遷，仍想要去憑弔、祭奠——可能有人會對這種不智慧的生存方式嗤之以鼻，也有人會敬佩這種負重前行的堅忍。無論如何，即使有一天我們抬頭驚覺，自己竟已是人到中年，也已經為人父母，卻仍然有可能努力用自己的方式，活出自己的精彩。

不辜負每一刻的當下，亦不負年華。

8.雙方父母——幫助與摧毀

談到父母，問題總是會很複雜。

愛恨夾雜的原生家庭永遠不是簡簡單單就能說清楚的話題，而原生家庭卻能夠影響孩子的一生。孩子尋找伴侶的範本，在親密關係中的相處方式，最初都是從原生家庭裡習得的。深深潛藏在潛意識中的東西，很可能會左右他／她的一生。

奇拉雖然上大學的時候對佛洛依德的著作和心理學理論非常著迷，但奇拉不是心理學學者，所以這一篇也不想講得那樣深奧，只想就事論事地講述幾個小故事。至於如何去理解……那就如同廚師把菜肴端上桌子之後——任憑食客們自己品味了。

頭髮、鬍子、鞋子與尊重

本書前面曾多次提到過的一對夫妻——九〇後德國男人楊思語和他的第二任中國太太程繽。關於他們的婚姻觀念、生活細節和家庭文化，我們都有了比較深入的瞭解，可是奇拉從沒講過思語的第一任太太龔新的事。

奇拉在德國認識思語的時候，思語才剛二十歲。那時候奇拉剛到德國任教，老張還沒搬家到德國；思語正在與中國的初戀女友龔新長期異地戀。當時思語和龔新已經異地一年，卻仍然保持著戀愛關係。當時奇拉很佩服他們情比金堅，覺得少年時期就開始的愛情真的很單純美好。後來慢慢熟識，從思語的口中得知他們兩地相望的時候感情都會很好，可是一旦聚到一起生活，就總是吵架。

奇拉對龔新的第一個直觀印象是來自於一次聚會。那是奇拉和老張在家裡舉辦的一個小聚會，只邀請了德、法、中各一兩個朋友到家裡包餃子，這些朋友包括：不會說漢語的德國黑人埃里樂和法國白人花莎這對跨國情侶、思語和龔新，還有一對在德國留學的中國夫婦。加上奇拉和老張，一共沒有幾個人。埃里樂和花莎一直專注於跟老張學習包餃子，大家看著埃里樂把餃子皮黏得滿手都是，兩手一張開就拉出麵絲來，都樂不可支；思語有時候用德語指導埃里樂包餃子，有時用漢語跟中國朋友聊天；奇拉一邊給大家擀餃子皮，一邊也隨便聊著。對於初次見面的龔新，奇拉本來並沒特別擔心，一來覺得她英語很好，也有國際化的經歷，應該可以很快融入大家；二來參加聚會的人本來不多，又有一半都是中國人，她大可以用漢語聊天，應該不至於無聊。可是沒想到，從聚會開始到最後，龔新都一直坐在思語身邊，緊緊抱住思語的一條胳膊，基本上只跟思語講話，對於奇拉或其他人的多次提問，也只做最簡單的回答。在確定了龔新並沒有身體上的不適之後，奇拉只好放棄了與她的交流。

後來再見到龔新，是思語在德國的家裡邀請了幾位好朋友一起過新年。那次聚會的人更少，奇拉有機會跟龔新聊了聊。並非話不投機，卻也沒什麼火花。

後來再見面大概就是思語二十三歲時，在他們德國的婚禮上。聽了思語「不管怎麼樣，我最後還是要歸她」這麼一句私下裡說的結婚感言，奇拉當時心裡便有種不舒服的感覺——結婚的心情，應該是這樣子的嗎？

之前從思語陸陸續續的講述裡大概知道他們的戀愛是從中國開始的，當時思語和龔新都十幾歲，思語初到中國，各方面都不熟悉。同校的中國同學龔新熱情地幫他辦網路、開帳戶，協助他處理生活一應事宜，兩人感情迅速升溫，成為了男女朋友。思語在中國學習一年，就回到了德國，兩人保持遠距離戀愛關係，偶爾也互相探望，感情還是不錯。異地大概兩年後，思語本科畢業去了中國工作，兩人開始了真正的相聚、相處，很多矛盾卻在這時候爆發出來了。比如說：龔新會因為思語去了比較近卻稍貴一點的超市而叨嘮他很久；思語偶爾忘記帶東西也會被罵半天……而最大的問題來自於龔新的母親。

思語二十出頭的時候一直留著一頭長髮，日常都是束在頭後；下巴上也會蓄一圈短短的鬍子。在德國，大街上滿臉釘、環、滿身刺青、頭髮染成粉色的人，都不一定有人會多看幾眼，而男人留長髮更是普通，根本不算是一個話題——只要不妨礙別人，每個人都可以選擇自己想要的、穿著打扮的風格，他人無權評頭論足。可是到了龔新的母親那裡，每每一見到思語，就要給他講解：

「在中國，只有不三不四的男人才留長頭髮。」

思語就會回答：「我知道這不是中國的習慣，可我也不是中國人。」

這種情況下龔新的母親就會再三、再四地「講解」和「勸說」，讓思語把頭髮剪短，並且幾乎每次見面都會提及這個話題。龔新在家裡也會頻繁說起她不喜歡思語長頭髮的樣子等等，這樣僵持了一年以後，思語終於把頭髮剪短了。

思語在中國的週末，一般都很繁忙，因為他們週末的時間都是龔新的母親安排的。安排之前有時候會徵求思語的意見，有時候不會。

思語在一次吐槽中提到：

「我週六早上一睜眼，一般會覺得，哇，今天是週末，終於可以休息了！然後過一會兒龔新就會來跟我說，今天她媽媽安排了要帶我們去哪兒，見什麼人，做什麼。我就很驚訝，然後還沒說清楚為什麼我得去，她父母已經進到我們家門裡了。然後我也不能不去，因為她媽媽已經跟對方說了我也會去，如果我不去就好像是很不給她媽媽面子，所以我就必須得去。這樣的事情多了，我就覺得非常受不了。這是我的時間，應該是我有自由決定要幹什麼，為什麼她媽媽就覺得她有權來安排？而且還不徵得我的同意？可能她媽媽也知道如果她問我，我肯定會說我不想去。」

更誇張的是有一次，思語被「通知」了要去見龔新的外婆。去看老人家，思語也並不是不情願，可是出發前龔新的媽媽竟然對他說：

「那你先去刮鬍子，然後我們就可以出發了。」

思語當時是很震驚的，他後來對奇拉這樣說：

「我留鬍子，包括我留長頭髮，這都是我自己的個人風格。而且我也不是那種弄得很髒很亂的，我都是修剪過的。在德國不可能有人來對我說你應該頭髮怎樣、鬍子怎樣，因為這是我自己的事。連我自己的媽媽都不會說什麼，為什麼龔新她媽媽就可以來命令我剪頭髮，刮鬍子？到底是誰給了她這樣的權力？我知道她是什麼一個大公司的主管，是女強人，能掙很多錢，也認識很多人，有很多中國所謂的『關係』，而龔新她爸爸基本上都是不說話，低頭玩手機，任憑安排。可是我又不是龔新她爸爸，我也不是她手下的員工，她憑什麼覺得她可以命令我？

我知道龔新從小到大幾乎所有事情都是她媽媽安排的，包括她上什麼學校，交什麼朋友……她畢業以後找工作也是她媽媽找人，讓她進了非常好的外企……龔新跟她媽媽之間也有很多矛盾，但基本上她還是得聽她媽媽的安排，這是他們家的事，我也不會管。可是我，首先早已經不是孩子，不需要別人來告訴我應該做什麼；其次我也不是她的孩子，我不需要聽她的安排。可是如果我完全不聽她的安排，她又會覺得我不領她的情，覺得我不明白她是在對我好，包括龔新也都會覺得我特別不懂事。所以這些真的非常煩人。」
「那你最後把鬍子刮了嗎？」奇拉聽著都覺得思語的生活很憋屈。
「刮了啊！」思語既憤怒又委屈。
「怎麼可能？」奇拉驚道：「我覺得你不是那種會胡亂聽話的人啊！」
「我沒辦法！」思語鬱悶道：「如果我堅持不刮，他們一家子就都站在門口等著我，勸我；然後因為她外婆已經知道我們要去，所以她也在她的家裡一直等著我們。讓老人家一直等著也不好，那我就沒辦法，最後就必須得刮。」
在奇拉的震驚中，思語又繼續說道：
「還有一次她媽媽提出要給我買一雙鞋，她想給我買的是那種特別正式的皮鞋，我真的非常不喜歡，也從來沒穿過，而且我也根本沒有可以配這種皮鞋的正式的衣服。再加上那個鞋是什麼名牌的，所以很貴，我也根本不想接受她那麼貴重的禮物。所以當她一提出來的時候，我馬上就非常清楚地拒絕了。我說：『我不要，你買了我也不會穿的』。然後她就對我說了一百個為什麼要買或者應該穿的理由，什麼『現在這個鞋在打折』啦，『應該有正式的鞋子』啦，她要『送我禮物』啦，『正好有合適的號碼』啦……我在她說出每一個理由之後都再清楚地說了一次『我不想要』，可是她還是要繼續勸我說為什麼應該接受這樣一雙鞋。」
「這可能是德國和中國的文化差異。德國人只要拒絕一次，別人就不會再勸了，因為他們覺得你已經決定了，再勸你是不尊重你的意願。可是在中國，勸三次都是表示禮貌和客氣。你那麼瞭解中國文化，應該明白的。」奇拉說。

「我覺得不是這個問題。她媽媽也經常去國外出差什麼的，她不可能不明白這個文化差異。我跟龔新在一起也很多年，她媽媽也基本上明白我的想法。而且我也在其他事情上反覆跟她講過，我不是中國人，沒有中國的習慣。我是德國人，我表示拒絕就是真的不想要，沒有客氣的成分。」

「那她媽媽可能也只是想對你好。」奇拉無力地安慰思語。

「如果她媽媽對我好的方式就是這樣沒完沒了地勸說、強制性地讓我必須得接受我完全不喜歡、也不想要的東西，那我寧可她別對我好，離我遠遠的。」

「那最後呢？」奇拉還想聽下文。

「什麼最後？」

「鞋的事。她不會還是買了吧？」

「對啊，她還是買了！」思語抓狂地說：「而且她送給我，我還必須得穿。」

「為什麼還必須得穿？」

「因為這個鞋很貴，如果我不穿，龔新就會覺得我對她媽媽很不禮貌，她就會一直怪我，她媽媽也會一直怪她，他們一家子都會覺得我不懂事、不領情等等。如果我不穿，那後面就還會有更沒完了的一萬個麻煩，所以我就穿了，為了省掉後面所有的麻煩。」

奇拉聽到這裡，很不厚道地捶牆大笑起來，心裡已經想不出任何可以安慰思語的話了。

「如果說其他事我還都可以忍受，有一件事我真的無法忍受。」思語繼續說道：「就是她媽媽甚至還要決定我應該喜歡什麼，不應該喜歡什麼——包括我的愛好，我看什麼書……她都要來評論，都要來管我。她還要告訴我對什麼事情應該有什麼樣的看法，不應該有什麼樣的看法……你能相信嗎？她還要管我想什麼、喜歡什麼⁉這是我絕對無法容忍的。」

後來，思語有機會選擇留在中國的A城市，還是B城市工作。A城市是妻子龔新生活、工作的城市，可是那裡也有龔新媽媽全方位的安排和掌控；B城市是五小時車程之外的陌生城市。思語最終選擇了去B城市工作。本來說好龔新會辭掉工作，跟他到B城市一起生活，可最終龔新還是聽從了媽媽的意見，覺得「辭職去別的城市找不到現在這麼好的工作」，「思語的工資也不夠兩個人租房、生活的」……最終兩人住在了中國不同的城市，之後又過了一兩年，兩人經歷了一個奇拉不想詳述的、非常不愉快的過程，最終離婚了。

結束了曾經美好、有過堅持，最終卻不堪回首的初戀與婚姻，思語受了很大的打擊。可走到這一步，任何人也無法勸解，只能靠自己去反思一切。

龔新確實是意念堅定、控制欲強的女性，而思語性格寬厚，在感情上比較被動，所以僅從性格上來講，兩人並非不合適。在奇拉看來，最大的問題是：無論男人還是女人，都應該先成為獨立的人——經濟上，更重要是精神上獨立的成人——然後再談婚姻。可惜的是，到了二十一世紀二十年代，中國還有多少原生家庭的父母在越界掌管孩子的人生，導致孩子精神乃至生活上無法從母體脫出、無法成為獨立的個體，也就無法擁有完整而獨立的婚姻。原生家庭產出巨嬰後，再以強大的控制欲干涉、壓垮新生小家庭，這樣的實例屢見不鮮。這不僅是婚姻的畸形，更是母愛的畸形、社會觀念的畸形。

而在談到程續的母親時，思語說：「跟程續在這方面應該沒有什麼可擔心的」，因為程續的母親「也會說她的想法，可是不會過於干涉」。思語還提到程續的母親在去非洲某國看他們的時候，堅持自己找路，不讓他們來接，這一點讓習慣了「中國父母太依賴子女、子女也太依賴父母」的思語覺得意外。他覺得程續的母親「很獨立，不希望太依賴我們」，這一點讓他非常欣賞。

結束了在非洲的生活之後，思語和程續需要決定下一步去哪裡生活，最有可能的選項當然是兩人的故鄉——德國或者中國。思語在與父親討論這個問題時，一向不輕易發表意見的父親說出了令思語意外的話——他不希望思語去中國生活，理由是，經歷過德國分裂時期的他，覺得「中國與從前的東德相似，都是很有政治性、控制感很強的國家」。他本來已經不太贊成思語娶中國的女性為妻，因為他覺得中國女性身上「自己的文化性太強」。不過因為程續人很好，所以他在思語和程續結婚的時候，還是表示了歡迎和祝福。可一旦涉及到兩人要在哪裡生活的問題，思語的父親就非常擔心，他怕思語一旦跟程續去中國生活，文化上又會佔據弱勢，一切都得按照當地、或者是程續家裡的習慣去做。他也擔心如果思語在中國生活的時間太長，會被強大的政治宣傳「洗腦」。思語覺得父親的擔憂並非毫無道理，但他對父親的很多看法也並不完全贊同。無論如何，他和程續兩人還需要先尋找合適的工作機會，然後才能決定生活的去向。

談完「跨國婚姻中雙方父母」這個話題，思語又特別強調了自己的一個看法，他認為最明顯的中西方文化差異是體現在「『尊重』意味著什麼」這個問題上。

思語覺得很多中國人理解的「尊重」，更應該叫「禮貌」或者「客氣」，是比較形式上的做法，而不是真正尊重對方的意願。

還有一個他最不適應的地方是：

「在中國文化裡，『尊重』是有方向性的，是從老到小的。中國人通常只認為年輕人、地位低的人應該去『尊重』年長的、地位高的人，可是我沒看到過年長的、地位高的人對年輕的、地位低的人的尊重。而在西方，『尊重』必定是雙方向的，人們認為無論年齡和地位怎樣，都應該互相尊重。」

聽思語說到這裡，奇拉就想起了以色列人列特，在回答自己為什麼搬家回以色列的時候，也提到過關於「尊重」的話題（見前面「金錢觀與人生觀」內容）。看來這方面確實值得我們去深入地思考。

「代理」求婚以及各種求婚還有……不求婚

提到列特，奇拉就想起了李潔講起的「求婚」故事，這大概會是本篇裡最有喜感的小故事。

那年李潔二十六歲，已經跟列特談了四年的戀愛。當時她的想法是結婚可以再等等，也許等到二十八歲再結婚，也許更晚些。可是李潔的爸爸的看法跟她不同，他認為談這麼久了，兩個人也合適，那就應該有個結果。

李潔的爸爸開始給李潔做思想工作，可是沒成功，李潔還是不打算很快結婚，於是李潔的爸爸就去做了一件絕對「中國式父母」才會做的事情——他直接給列特打了電話。

在中國（或者一些亞洲文化裡），女方的父母提出結婚這樣的行為可能會被理解為愛女心切，是好意，不會受到太多負面的評價。可在中國以外的很多其他國家，人們的想法是：結婚、生子等都是個人的選擇，是私事，不是別人的事，也不是父母的事，所以父母不可能不請自來地參與到本應是兩個人之間去做決定的事情裡。一旦父母直接干涉，很多人會覺得自己的「私人領域」或者「自由」受到了侵犯，他們可能會因此非常不快甚至憤怒。

所以當李潔講到這裡的時候，奇拉已經聽得提心吊膽，沒忍住就打斷了她的講述：「天啊，你爸直接給列特打電話說了你們結婚的事？」
「是啊！」李潔說：「我也完全沒想到。」
「那列特沒生氣嗎？」
「他還好，他真是比較瞭解中國文化，而且他也能理解我父母為什麼著急。他後來跟我說過，他明白我的老家是山東一個小地方，在這樣的環境裡，女兒跟外國人談了四年戀愛還沒結婚，父母肯定也很為難。所以他沒生氣。」
「哇，能理解中國文化到這個程度，那他太厲害了。他怎麼跟你爸說的啊？」
「他也沒說什麼，開始的時候我爸說什麼他就聽著，就說『嗯，嗯』。最後被問急了，他就跟我爸說：『你問李潔什麼時候結婚，我就什麼時候結婚。』」李潔說著，自己也笑了：「後來我回家，他就跟我說：『你爸給我打電話了。你爸問我們什麼時候結婚。』我當時一聽，也很意外，所以我就問列特：『我爸問你這個問題就是他想讓我們結婚，你覺得呢？你想要結婚嗎？』」
奇拉聽到這裡，豎起耳朵聽著列特當時的關鍵回答。結果列特的回答是：
「可以呀，我們兩個一起生活了很長時間，我覺得跟你一起生活很合適，所以可以跟你結婚。」
奇拉聽完，笑了起來。一半是覺得他們太逗了，一半也是替他們高興。

然後更逗的是，在那之後，列特和李潔就一起商量著買了一個鑽戒，買了挺長時間就在那兒擱著，列特也不來求婚。有一天李潔就半開玩笑地對列特說：

「鑽戒都買了那麼長時間了，你也不求婚。」

結果列特回答：「我們反正都要結婚了，為什麼還要求婚？」

李潔聽了也沒說什麼。結果有一天，列特拿著鑽戒去臥室，跪在沙發下面跟李潔求婚了，然後他們就這樣結婚了。

李潔說到這裡，奇拉突然就爆笑起來。原來這世界上，不管哪個國家，直男的腦迴路都是一樣的。想當年奇拉和老張也是討論過幾次關於結婚、生孩子的話題，兩個人都覺得可以結婚了，然後……然後老張就沒有動靜了。奇拉半開玩笑地問他「戒指在哪兒呢？怎麼不求婚呢？」

老張用他的工科腦袋想了想，就說：「那我不明白，『求婚』的意思不是『問能不能結婚』嗎？那我們都已經說了要結婚，為什麼還得問呢？」

若干年後奇拉的表弟（中國人）也是定了要結婚，奇拉在法國給他打電話的時候就問他：「那你打算怎麼跟女朋友求婚啊？」表弟的回答也是：「這都已經定了的事兒，還求什麼求啊？」

鑒於他令人惱火的語氣和態度，奇拉就在大洋彼岸的電話裡義正言辭地給他講：「人家女孩子嫁給你，不圖你吃，不圖你穿，也不用你養著，你又不是說一嫁過來就能讓人家錦衣玉食、榮華富貴了。人家以後給你洗衣做飯勞累，生養孩子艱辛……總有那麼一個艱難時刻，人家身心疲憊，問自己『我當初為什麼要嫁給這個人啊？』你總得給人家留下一點印象深刻的美好回憶不是？要不然就這麼結婚了，你打算到時候讓人家回憶什麼？一輩子就這麼一次，又不是讓你買飛機、買遊艇，也不用殺人放火，現在就要你花那麼一點點心思，用心去製造一個讓人家女孩子可以終生銘記、一想起來就能微笑的浪漫回憶，你都不肯啊⁉那你這是不是有點那個？」

表弟聽了，深以為然。後來奇拉回國時再跟他見面，他和表弟妹已經結婚了一年多。聽說當時表弟找了個有熟人的電影院，請女朋友去看電影，然後在廣告片之後，正式電影放映之前，一片黑暗中，電影螢幕上出現了向女朋友求婚的短片。他女朋友真的完全沒想到，當時就哭了……這裡雖然扯遠了，但重要的事情還是要說出來——奇拉呼籲直男朋友們都向（在埃菲爾鐵塔下手執一束鮮花向女朋友求婚的）德國金髮工程師萊河，以及（端正了態度開動腦筋浪漫求婚的）奇拉的表弟學習。

看這一對法國公婆

回到關於雙方父母的話題，奇拉特別想說說自己的婆婆和公公。

奇拉的婆婆是挺傳統的法國人，而且她不太會說外語，不喜歡旅行，沒怎麼出過國，因為很怕坐飛機，所以也沒去過歐洲以外的其他國家。

可是奇拉的婆婆也是很神奇的婆婆。

認識婆婆以前，奇拉沒見過能自己裝修房子的女人，然而奇拉家要重新裝修一個房間的時候，婆婆說不用找人，她可以幫忙。到了動工那天，她帶了各種專業工具和批土、水泥等材料，公公負責打下手幹力氣活（主要是技術活不行，總被婆婆罵，所以只好幹力氣活）攪水泥、和批土、搬瓷磚等，然後婆婆自己用油漆刷牆、鋪地磚、貼牆磚，甚至換廁所馬桶……裝修的事除了電線以外她都會自己弄。看她自己太辛苦，從沒試過裝修的奇拉也嘗試上手幫忙，結果居然發現了自己在這方面的天賦。奇拉跟婆婆一個抹泥、一個貼磚，配合默契，居然三天貼完了四十平方公尺大小的地面，對縫整齊，高矮平整。之後奇拉一發不可收拾，整個房間的踢腳瓷磚基本上都是奇拉自己抹批土貼好的。婆婆本以為奇拉一個大城市來的大學老師，不可能會弄這些事，沒想到居然一試之下弄得又快又好。婆婆對奇拉大加稱讚，反覆說「如果沒有奇拉，不可能弄得那麼快、那麼好。」

婆婆還常年跟丈夫一起照顧一大片森林，修枝砍柴等都不在話下，據說有一次在森林裡遇到野豬，婆婆拿起手提包就朝野豬打過去……至於在家裡開著剪草機修剪草坪，洗衣做飯等就更是trop simple（太簡單）。在公公幾十年如一日地從來不做飯的前提下，年輕時的她還自己帶大了兩個孩子（孩子一歲以前，公公從來沒上手管過孩子，沒換過尿布，沒餵過奶）……他們家裡還養狗（一隻，公公打獵用）、養貓（三隻，抓老鼠用）、養雞（六隻，下蛋用）、養兔子（十幾隻，吃肉用）養烏龜（沒用）。除此之外，婆婆每年自己挖地種菜、種水果。他們家自己種的菜和水果包括：南瓜、番茄、櫛瓜、四季豆、生菜、胡蘿蔔、洋蔥、韭蔥、草莓、無花果、櫻桃、蘋果、梨……一到夏天，幾乎每次到奇拉和老張家，婆婆都會帶上一堆自家產的蔬菜水果和雞蛋。

別看婆婆在家做這麼多事，可她並不是家庭婦女，她幾十年一直都有自己全職的會計工作。婆婆這輩子第一次、也是目前為止唯一一次坐飛機，是去德國參加奇拉和老張的婚禮；老張和奇拉回法國居住前，她已經裝修好一間公寓，還買好了裡面所有電器和傢俱——足見她很寶貝她的大兒子。這樣一個很疼愛兒子，又傳統、能幹的法國婆婆，會怎樣跟一個不會法語的陌生中國兒媳相處呢？

老張和奇拉到法國的第一年，是奇拉最痛不欲生、最艱難的一年——自己不會法語，日常各種無能；孩子太小，自己又沒有帶孩子經驗，每天累死累活，最多只能睡四五個小時；孩子一直在生病，然後把病菌傳染給奇拉，奇拉自己生著病還得照顧孩子；老張早出晚歸地上班，也幫不上什麼忙；在陌生的國度遠離親人，剛開始時也沒什麼朋友……婆婆那時給了奇拉很大的幫助，只要是奇拉需要，她會請假來看孩子；有時候需要去看醫生，奇拉又不會法語，婆婆就開車一個多小時來陪著奇拉帶孩子看病。婆婆幫忙帶孩子的時候，只要是孩子的事都先問過奇拉，得到奇拉的允許，她才按照奇拉帶孩子的方式來照顧，而且每次孩子睡覺的間隙，她還會把廚房擦得閃閃發亮。

在法國的第二年，奇拉全家因為老張工作的關係搬家到了農村。對於無論在哪個國家，都只在一線大城市居住過的奇拉來說，突然搬到一個連郵局和超市都沒有的小小小村子居住，其實是種挑戰。除了那時法語還不流利以外，城裡人在農村的各種無能日益顯現，比如說：種個菜分不清哪個是菜苗，哪個是草；日常會被每隻「嗡嗡」飛過的蟲子（蜜蜂、黃蜂、馬蜂、牛蜂……各種不認識可是體型巨大、看起來很危險的蜂）嚇得「嗷嗷」尖叫；在每天出沒的一百種鳥類裡，認識的只有烏鴉、喜鵲和麻雀三種（後來證實那種黑色的還不是烏鴉）；周圍的一百萬種花草樹木裡只認識橡樹、馬齒莧和蒲公英；夜晚天上的繁星裡，能認出來的只有北斗七星和獵戶座；想要剪自家的草，還不會用各種（看起來很危險的）剪草機械……

鑒於奇拉的園藝無能，婆婆定期來奇拉家剪草。每次她都先跟老張打電話定好時間，然後來的時候只問個好，基本不肯進屋，每次都會都說：「你幹你的事，就當我不在這裡」，「不用招呼我，我就在外邊院子裡」，然後離開的時候會再跟奇拉打個招呼，就回家去了。更誇張的是，開始她來剪草，還會自帶午飯（通常是連奇拉的那份都做出來），她的名言是：「你千萬別張羅，你帶孩子已經夠累了。我來是幫你的，不是來給你增加工作的。」本來剛搬家的時候，每次婆婆要來，奇拉都會緊張，到處收拾打掃，可幾次以後就發現，根本沒什麼可緊張的。一來是她基本上都不進屋來，剪完草就走，頂多是在廚房裡吃個飯；二來是即使屋子裡有點亂，她也會說「這已經很好啦，比我年輕那會兒帶孩子的時候收拾得乾淨多了，你是怎麼做到的？」

平時無論有什麼事情，婆婆要埋怨的話，都埋怨她兒子；如果真是奇拉的疏忽，婆婆總是會說：「哎呦，這是難免的，我有時候也會這樣」，或者「這沒什麼大不了的呀」，要嘛就是「這怪老張，他應該事先跟你講的，你是外國人你不懂法國的習慣啊，如果我去了中國我也不懂中國習慣啊」。最逗的是，一旦發現孩子有什麼優點，婆婆就會說：「這是隨奇拉」，而孩子一鬧，不聽話的時候，婆婆就跟奇拉說：「老張小時候也這樣」……在寶貝兒子面前，婆婆從來都把奇拉誇成一朵花一樣的，老張從他父母家回來以後常說：「我媽今天又誇你好來著。」

法國不過中國的農曆春節，可是每到春節的時候，婆婆就會給遠在中國的奇拉父母發賀卡，有一年居然還在給奇拉父母的賀卡上手寫了「謝謝」兩個漢字。她生怕寫錯了或者寫得太醜令奇拉父母看不懂，所以還在寄出之前惶惶然地先拿給奇拉驗看。奇拉當了近十年老師，當然知道一個對漢字完全沒有概念的法國人，要照著Google翻譯，像畫畫似的描出「謝謝」這兩個結構複雜、筆劃繁複的字會有多費勁，也不知道她是練了多少遍才寫到賀卡上的。其實她完全可以列印出來貼在賀卡上，或者讓會寫漢字的老張代筆，可她還是自己費心費力地手寫了，這讓奇拉非常感動。

老張曾有一次跟奇拉講，遠在老張還沒女朋友之前，婆婆就在閒談中說過這麼一番話：「在法國很多婆婆跟兒媳婦的關係處不好，婆婆們都說是兒媳婦的錯，可我一直覺得是因為婆婆管得太多，不給孩子們自由才會這樣。所以我要是當了婆婆，絕不過多干涉孩子小家庭裡的事。孩子們需要，我們就去幫忙；他們不需要我們去管，我們就幹我們自己的事。」

還有一次公公婆婆一起來幫忙帶孩子（公公主要負責跟孩子玩，還有修理家裡老張修不好的東西，比如：漏水的水管子），臨走的時候，奇拉再三表示感謝，公公便用英語說：「不用謝，這是應該的，我們是一家人。你們是孩子的父母，你們決定；而爺爺奶奶該做的事就是——我們幫忙。」

除了私下裡的各種幫忙以外，在別人面前他們也會維護奇拉。

奇拉剛到法國的時候，雖然早就知道在法國即使結婚了，也通常是叫對方父母的名字，而不會叫「爸爸媽媽」，可是深受中國文化影響的奇拉一時間真的做不到開口叫他們名字，覺得那簡直是大逆不道，所以奇拉要嘛就省略稱呼，偶爾也會叫「爸爸媽媽」。叫了以後，看公公婆婆也挺高興，所以稱呼上奇拉一直都是這麼處理的。結果在一次大家庭的聚會上，老張的叔叔偶爾聽到了奇拉提起公公婆婆的時候說「爸爸媽媽」怎樣怎樣，他就馬上瞪大眼睛說：「他們不是你爸爸媽媽！」奇拉頓時尷尬，因為法語不好，也不知道怎麼解釋。公公一聽，馬上就說：「去去，你別管，不關你的事！」婆婆也湊過來小聲說：「你別理他，跟他沒關係，你就像我們的女兒一樣，你叫什麼我們都高興。」

奇拉的公公婆婆不是完美的公公婆婆，可奇拉還是覺得自己像中了樂透大獎一樣幸運。

父母能夠促成一段良緣、助孩子的小家庭和諧美滿，也能摧毀孩子的婚姻。父母能讓孩子幸福，也能讓孩子不幸。如果天下的父母都能去理解、幫助，而不是責怪、控制，那天下的孩子也許就能少一點進退兩難，多一些輕鬆自在。

9.手續上的麻煩

能把你磨成灰的手續——「天災人禍」—

手續上的麻煩似乎是個小問題。跟什麼婚姻觀、人生觀比起來，好像不值一提。可折磨靈魂、消磨鬥志的細節就在這裡。手續上的「天災人禍」絕對可以把人弄瘋，結個婚都這麼難，那你還要不要結？住在異國的手續問題多多，入境簽證、居留、醫療保險、工作簽證……哪一項不是事關重大，哪一項又能簡單解決？

奇拉跟老張結婚是在德國，奇拉是中國人，老張是法國人，兩個都是外國人，需要的資料一大堆。因為怕自己搞不清楚或弄錯，所以奇拉和老張先在所屬的區政府，預約了結婚諮詢。到了預約諮詢的那天，奇拉和老張並排坐到了區政府工作人員的面前，那位女士當時正在啃蘋果，看到老張和奇拉坐下了，才把啃了一大半的蘋果收起來。經過簡單交談，那位女士開始拿出兩張單子，一張針對非歐盟人員的給奇拉，一張歐盟內的給老張。單子上已經印好了各種可能需要的材料，女士一邊詢問奇拉和老張的具體情況（是否第一次結婚等等），一邊在單子上勾選需要向德國政府提交的文件。

諮詢完畢，奇拉和老張拿著兩張單子出來，開始了向各自國家申請索取資料的歷程。

奇拉的文件因為來自非歐盟國家，很多都得在國內先公證、再認證。手續繁瑣，花錢不說，寄來寄去還擔驚受怕，老怕給寄丟了。奇拉趁暑假回國的機會緊趕慢趕、如臨大敵地處理所有手續，好不容易都弄齊了。老張也是一會兒在網上申請，一會兒給法國使館打電話，最終湊齊了所需的資料。在老張打電話向法國使館申請單身證明的時候，法國使館的工作人員向他提出了一個疑問，說是德國可能需要的單身證明細分為幾種，一般像老張的這個情況，需要的都是單子裡的第一種，可是老張申請的是第二種。他請老張確認，是不是搞錯了。老張當時也迷糊了，這些文件之間具體有什麼區別他自然也搞不清，只是按照單子上勾選的去申請罷了。所以他當時就說，單子上勾選的就是第二種，他就要第二種沒錯。法國使館就在五天後寄來了第二種單身證明。（文件資料最後都被區政府收走了，時隔多年，奇拉也記不住兩種文件的名字，暫且就用第一種和第二種來敘述吧。）

文件湊齊，老張和奇拉鬆了口氣，開開心心地預約了正式提交結婚申請的區政府會面。

第二次見到的是另一位金髮女士，這位女士沒有啃蘋果，也很和藹地收走了所有文件檢查。看完之後，奇拉一聽她回來說的前半句話，就心覺不好，以為肯定是自己的資料出了問題——畢竟奇拉的文件比老張的複雜許多。沒想到她說：「兩位的文件，這位女士的已經沒問題了，男士的有一份資料不對。」奇拉和老張當時都非常驚訝，覺得怎麼可能問題出在老張這邊？那位女士接著就指出來，老張的單身證明需要的是第一種，可老張提供的是第二種，所以不對，還得重新向法國使館申請第一種。

文件搞錯、重新申請？這就意味著後續得打電話、等文件郵寄不說，老張還得等奇拉有空的時間再次跟公司請假，然後兩人再預約下一次的申請提交……這些都不說，最重要的是——開開心心地來提交結婚申請還被拒，誰心裡能好受啊!?

老張當時也有點生氣，他指著啃蘋果女士給的單子給面前的金髮女士看——上面清清楚楚、明明白白地勾選了第二種單身證明，然後他又舉著自己提交的單身證明，問金髮女士：這兩個是不是同樣的文件？

那位金髮女士一看，馬上露出了為難的表情，拿著單子和文件出去了。好半天才回來，仍是一臉難堪，她最終含混地解釋說，需要的證明大概是法國使館搞錯了，請老張再去申請一次。

老張一出區政府，就給曾經電話聯繫過的那位法國使館工作人員打了電話，那位工作人員就說：「對啊，我當初就跟您說，別人都要的是第一種材料，怎麼只有您需要第二種呢？那我儘快再給您重寄一份吧。」

回家的途中，老張和奇拉一路抱怨。可是鬱悶又能怎樣？找出是誰的責任又有什麼用？只能耐下心來等待文件、重新預約。

奇拉當時鬱悶地對老張說：「下次我們再去提交申請，他們又要說：『哎呦，兩位的資料中，這位男士的已經沒問題了，女士的有一個文件不對，應該是中國使館搞錯了。』他們要是再拒收，我們就去法國結婚吧，趁耶誕節回法國的時候。」

老張很不配合地分析道：「如果在法國結婚，需要的各種文件可能又不一樣了，我的文件簡單了，你可能又需要重新申請一通，德語翻譯還得變成法語翻譯，再公證認證，還更費勁。而且耶誕節法國所有地方都放假，也交不了資料啊！」

奇拉氣死了。拜託！能不能配合一點兒，好好吐個槽啊？

所幸是再次申請的時候，還是上次接待的那位金髮女士。她顯然還記得奇拉和老張，簡單檢查了文件後，就說：「可以了」。奇拉和老張頓時如沐春風，如獲大赦。之後就是要預約正式結婚登記日期以及確認結婚的一些細節，其中一個細節是女方是否要在婚後改用丈夫的姓氏（或者男方也可以改用妻子的姓氏）。奇拉當時覺得，如果是西方的習慣一般都改的話，奇拉改冠夫姓也無所謂的，所以一開始是表示同意婚後改用丈夫的姓氏的。金髮女士在此時做了一個拯救了奇拉一生的提示，她說：「改了姓氏之後可能比較符合德國的習慣，但是在您自己國家的檔案怎麼處理，以及在中國護照上改名字需要哪些德國程序我就不清楚了。」只這一句，奇拉就想像到了有文件山、蓋章海、無盡的擔心與等待壓頂而來，一下子如清水澆頭，冷水潑臉，於是奇拉的態度馬上來了個一百八十度轉變，立刻表示：「不改不改，堅決不改。」然後扭頭問老張：「我不改的話你會不會鬱悶？」老張說：「我才不在乎，你怎麼省事怎麼來。」

後來無數的事實證明，奇拉沒改姓氏的決定是多麼的英明果斷，神武睿智。

「順利」拿到德國的結婚證以後，要想在中國註冊成已婚，還需要把德國的結婚證寄到科隆進行德國政府認證，然後寄到中國駐德大使館認證，然後中國國內才會承認這個結婚證書。至於這是一個多麼艱難而漫長的過程，各位可以自行腦補。

能把你磨成灰的手續——「天災人禍」二

老張和奇拉是在第三國結婚，可能更複雜些，可是即使是只涉及兩個國家，完全順利的跨國結婚也沒聽說過，不順利的跨國結婚則是各有各的不順。

列特和李潔是在中國結的婚，結婚的時候倒沒遇到什麼問題，可是回到以色列想要在以色列註冊時，就出了問題。

據列特說，非猶太人不能在以色列國內結婚，而即使兩個人都是猶太人，信奉的宗教不同，也沒法在以色列結婚。因為在以色列信奉某一宗教的人，應該去自己所屬地區的、對應的機構結婚，比如說：猶太教信徒應該去猶太教機構結婚，天主教信徒去天主教機構結婚，可兩個人如果是不同宗教的信徒，就沒法去任何一個機構結婚。當地人一般遇到這種情況，就會到國外去（一般是去賽普勒斯，The Republic of Cyprus）結婚，然後回國後，內政部可以依據外國的結婚證（再加上翻譯好多檔案）在以色列內政部註冊婚姻。另外，如果是跟外國人結婚，會有一個六個月長的「見習期婚姻（Married on probation或者married on trial，用希伯來語是ALTNA'I）」。如果六個月之後沒有申請離婚，才能轉為正式婚姻。

列特和李潔二〇一三年六月在中國結婚時，列特就已經通過以色列駐中國大使館申請了在以色列註冊，當時大使館工作人員就告訴他六個月之後可以轉為正式婚姻。列特很開心，因為他們計畫要回以色列是八個月以後，這樣一到以色列就已經是正式婚姻，很多其他手續就好辦了。結果等他們搬家回到以色列，發現自己的婚姻還是見習婚姻狀態。列特就去找內政部，結果發現是以色列內政部把他們的申請給弄丟了。

申請文件大概就是無犯罪證明、中國結婚證、出生證明、單身證明去中國外交部蓋章，再到以色列大使館認證……最後交到以色列內政部。奇拉已經不忍心問到底是什麼資料丟了，他們是怎麼補交的文件。不過據李潔說，好在當時的文件都有備份，所以輕鬆地完成補件手續，補件當天就轉成了正式婚姻。她說反正所有資料基本都是列特弄的，因為她一看那些檔案就已經頭大了，她只記得申請的花費挺貴的。奇拉聽到她說的，不由自主地笑了，真是由衷佩服列特的耐心、細心，也羨慕李潔的省心啊。

說完，李潔還補了一句：「反正好多檔案都是希伯來文的，我也看不懂，我就負責在那個空白的地方簽名，都不知道自己簽的是什麼。當時真的，他要是把我賣了我都不知道。」

列特說：「那你看，你現在知道我沒有騙你了吧，看我是不是對你很好？」

李潔：「哼——」

奇拉邊笑邊想想，自己當時跟老張都是看德語而非自己的母語，好像還挺公平的？可畢竟都不是母語，也有兩個人都沒看懂的風險啊。所以說，當時年輕的我們還真是勇敢，是不是？

繼續把你磨成灰——瑣碎的手續或政策問題

在外國結婚，總是不容易。而在外國居住也會有很多瑣碎的手續或政策問題。

說到在國外居住，列特吐槽說，他跟李潔在以色列是正式結婚的關係，李潔就可以拿到居留證和國家的醫療保險，這個對李潔和他們家的生活來說，就非常方便了，但在中國，就算他在中國生活、工作、也給政府交稅，而且也跟中國人結婚了，仍然不能拿到中國的長期居留和國家醫保。他很鬱悶地問，為什麼很多國家只要是結婚就能得到的權益，在中國即使跟中國人結婚、長期居住也享受不到呢？

想當年奇拉初到法國的時候，也是先用家庭團聚簽證，然後換了一年的居留，之後一下子又換了十年的居留。開始沒有工作時，奇拉和孩子的國家保險都是跟老張的保險在一起，算是

「家庭保險」，比個人的保額稍高。老張申請之後九個月，收到了國家醫保卡（Carte Vitale，在這裡就不吐槽這個工作效率了）。有國家醫保卡和沒有的區別只是有卡可以看病當時直接刷，不用之後再給保險局寄看病帳單，但無論如何奇拉和孩子都是可以享受法國的國家醫保的。

另外，以法國人配偶的身分，奇拉已經可以在法國合法工作，不再需要其他諸如工作簽證等文件。而在中國，對外國人來說非常掣肘的一點是，即使作為中國人配偶、拿著家屬簽，也不能合法工作，想要工作，必須是由用人單位為他們申請工作簽證。

中國姑娘木木和巴西小夥兒桑東就在工作簽證和買車政策之間陷入了困境。木木和桑東在北京相識、相戀，也在北京結婚。桑東學完數年漢語以後，留在北京找工作，由公司為他申請工作簽證。本來這也沒什麼大問題，可是兩人想要買車時，問題就來了。

木木對奇拉說：「本來申請工作簽證的週期就長，動輒五六個月，導致很多公司不願意找外國人，我們本來每年就都得為這事著急。然後現在我們想買車，我沒有駕照，那就只能用他的駕照在北京『搖號』（北京交通政策，民眾需透過抽籤取得交通部門發放的車牌證照），可是外國人搖號要求一年以上的簽證，他的工作簽證都是一年一簽，我們要是想用他的簽證搖號就永遠沒戲。所以現在就只能我趕緊去學駕照。學駕照也得好幾個月，再等搖號，感覺買車遙遙無期。」

跨國情侶或夫婦不管在哪個國家居住，都多多少少會遇到些手續、政策的問題，而一旦孩子出生，在這些方面可能會有更複雜的問題出現。

加拿大中醫師齊仲生和中國畫家施揚夫婦在孩子剛剛出生的時候，就為孩子向加拿大使館申請了加拿大國籍，然而這之後他們就被孩子的「國籍衝突」問題困擾，「通過很長時間才能瞭解該怎麼處理這些事」。

所謂孩子的「國籍衝突」是這樣的：中國法律規定，父母一方是中國人，孩子在中國出生，那麼孩子就自動獲得中國國籍；而齊仲生的孩子也依照加拿大的法律獲得了加拿大國籍，那麼就相當於孩子同時擁有了中國、加拿大兩國的國籍。可問題是，中國不承認雙重國籍。

齊仲生夫婦在網上查看政策，還是不明白到底該怎麼辦，又問了很多有類似問題的朋友，最後覺得這件事有點複雜，終於決定放棄了孩子的中國國籍。

奇拉和老張的孩子也遇到了同樣的問題。孩子也是出生時自動獲得中國國籍；而法國是看血統，只要父母一方是法國人，孩子無論在哪裡出生，都自動獲得法國國籍。所以孩子一出生，也有了國籍衝突。

如果待在中國，這個國籍衝突其實大可忽略不計，可是孩子要回法國的時候，這個問題就來了。看到網上有投機取巧的「方法」，就是用中國護照出境，到了法國再用法國護照入境，可是因為孩子已經是法國人，法國一般不會給法國人發法國的簽證，而中國護照上沒有法國簽證是不可能出境的；就算拿到法國簽證出境，之後最大的問題是回不來了，因為在回國的時候，中國護照上的法國簽證肯定已經過期了，就變成了在法國非法逗留……而且本來同時申請法國、中國兩方的護照就是不太符合規定的做法……最終幾經曲折，才找到了解決辦法——法國使館按照類似情況的慣例給孩子簽發了三個月的法國簽證，奇拉一家才終於「順利」出境去法國了。到了法國以後，奇拉和老張在中國駐法國的領事館按照相關規定給孩子申領了旅行證（中國為不能申請護照的中國公民頒發的國際旅行證件，有效期兩年），總算是解決了國籍衝突問題。

跨國婚姻從結婚、居住異鄉，再到生孩子，手續的麻煩層出不窮。不過所謂的「生活」，也就是兩人心懷愛意，協力解決一個個難題，跨過一道道坎兒，然後一直努力走下去吧？

10.找個「靠譜」的男人（或女人）

「靠譜」是什麼意思？

「靠譜」在詞典上的釋義是：「表示可靠、值得相信、值得託付的意思。」靠譜的反義詞應該是「離譜」、「出格」等等。如果說「某人不靠譜」，意思是說這個人的人品或者行事不可靠，不讓人放心，靠不住；如果說「某件事不靠譜」，意思是說這件事辦起來有難度，可行性或者成功的可能性不高。

對女人來說，一個「靠譜的男人」應該是什麼樣的？每個人的答案大概都不盡相同。說到底，其實女人在不同年齡對於男人的要求也並不相同，女人在二十歲、三十歲……八十歲、九十歲，也會被男人不同的特質所吸引。

二十歲：希望男人很酷、很潮，能帶來新奇和刺激；

三十歲：除了激情之愛以外，也希望對方是個可靠的隊友，能協力完成持家養孩子的艱巨任務，懂得體諒自己的苦處；

四十歲：希望男人成熟穩重、懂得世故、明白生活，有足夠的財力和智慧來面對各種艱辛，也懂得享受生活；

……

八十歲：能呼吸、能走路、不癡呆？

九十歲：活著……

前文已經說過：「男人不能以國籍來區分。任何國家、任何年齡的男人都有好的，也有糟糕的。」同樣的，一個男人的某種令你難以接受的行為，到底是因為文化差異，還是愛得不夠，抑或是個人性格原因？有時候也很難分清。

奇拉曾提到過一對不會說漢語的跨國情侶——德國黑人埃里樂和法國白人花莎。埃里樂是德國人，工作是策劃各種音樂節和文化演出等；花莎是法國人，在德國做德法國際小學的助教。埃里樂性格風趣幽默，愛玩愛鬧；花莎在奇拉眼裡更是非常獨立、大膽，她孤身一人來到德國，自己租房、找工作，只是因為「想到這裡來看看」，而且據她說，她以前曾經跟不止一個女人交往過……奇拉總會半是驚訝、半是敬仰地看著她，覺得她真是想做什麼就去做，彷彿這世間的很多規則對她都不起作用，她活成了奇拉一輩子也不可能活成的灑脫模樣。

埃里樂和花莎非常喜歡參加各種聚會和文化活動，而且每次都是折騰到淩晨四五點才會結束（或者還沒結束），他們的熱情與體力讓奇拉幾輩子都望塵莫及。然而有段時間，一直都沒看到他們出來參加活動。那段時間朋友聚會時，聽一些朋友說，（花莎打電話跟朋友傾訴）埃里樂和花莎的關係出了問題，原因是埃里樂跟別的女孩子發生了關係。剛開始的時候大家自然是一邊倒地數落埃里樂的不是，可是知情的朋友又說，他們兩人當初剛在一起的時候，就約定了在關係中可以偶爾有其他人，只要不是頻繁發生就沒問題。這下子大家就無語了，奇拉在心中默默質疑，這樣的約定到底是信任還是輕率，是自由還是荒唐？過了一段時間，埃里樂和花莎又開始一起開開心心地參加各種聚會和活動了，大家自然也就不再談論他們的關係，以為風波就此過去了。

兩年以後，同樣的事件再次發生，兩人關係又降至冰點，並且發生後不久，花莎就發現自己懷孕了。花莎一直想要孩子，埃里樂也不反對，可是懷孕卻恰恰發生在這麼一個最壞的時機。經過商量，埃里樂和花莎都覺得不應該用孩子來修復關係，而應該在以後（如果能繼續的話）關係穩定的時候再要孩子。就這樣，花莎把孩子打掉了。

半年之後，花莎幸福地向朋友們宣告，自己懷孕了，並且要把孩子生下來。埃里樂也在聚會中興高采烈地大談孩子出生之後一定要使用可重複使用的尿布（棉紗布尿布。與一次性的、用完即扔的尿不濕不同，這種尿布在德國通常可以簽約由專業公司統一回收清洗，然後再次送回用戶家中），以保護環境。朋友們都為他們感到高興，他們也成為了這個小圈子裡（基本都是德—法或者法—法情侶）最早要有孩子的一對。

奇拉再次見到埃里樂和花莎，大概是他們的孩子艾拉半歲的時候。埃里樂和花莎帶著艾拉來老張和奇拉新搬的家裡做客。兩人臉上都有著明顯的疲憊之色，埃里樂會為孩子換尿布、餵輔食，可也對孩子的哭鬧和叫喊露出不耐煩的神情，他跟花莎的互動中也偶爾有些微小的不愉快。奇拉問埃里樂怎麼最後還是給孩子用了一次性尿布？埃里樂非常無奈地說，他們開始是使用棉紗尿布的，跟一個清洗公司簽了約，可是使用中總有這樣那樣的問題：清洗公司兩、三天上門一次，用髒的尿布不能馬上清洗，堆在家裡又占地方又髒臭；清洗公司上門回收或送乾淨尿布的時候必須確保家裡有人，花莎要出去買東西的話得帶著孩子趕時間，非常慌亂；偶爾孩子在睡覺的話還會被上門送尿布的門鈴聲吵醒……有孩子以後兩人本就累極，最後實在沒有精力再使用棉紗尿布了……聊天的時候，花莎跟老張抱怨埃里樂每天下班後不但不管孩子，還覺得花莎一天都在家，所以應該做好飯，還應該收拾屋子，可實際上花莎天天在家管孩子管得都快瘋了，「這比我出去工作累一百倍還多！我哪兒有精力做飯、收拾屋子⁉」埃里樂也對奇拉說，「覺得有孩子以後跟花莎都沒有關係了，天天都是孩子、孩子、孩子！」那時候老張和奇拉也沒有孩子，對這些有孩子之後的普遍現象根本不懂，所以也就是漫應著。

最後一次見到他們，是奇拉和老張離開德國回中國的那天，埃里樂和花莎開車送奇拉和老張去機場，並約定了以後有機會再在德國或法國見面。可自那之後就跟埃里樂和花莎失去了聯繫。與其他朋友見面時問起他們的消息，只聽留在德國的朋友們說，埃里樂和花莎在艾拉一歲的時候終於分手了，可是還合租了一間公寓，共同撫養孩子。再之後埃里樂和花莎就不跟從前的朋友們聯繫了，大家都失去了他們的消息。

又過了一年多，曾經在德國生活過的法國朋友們在法國見面時，又談起了他們，奇拉到這時才知道，原來埃里樂一直成長在一個單親家庭裡，從小跟自己的母親（德國白人）一起長大，他的父親（喀麥隆黑人）在他剛出生的時候就跟他母親分手了。閒聊中，大家都覺得埃里樂和花莎的關係有點奇怪，也對他們最終分手感到惋惜，畢竟孩子才那麼小，父母就分手了，無論再怎麼彌補，這也是對孩子一生都有重大負面影響的事情。一個朋友評價埃里樂，說他腦子「瘋瘋的」，跟花莎在一起的「時間不能長」，「每兩年鬧騰一次，誰能受得了？」也有朋友說他們兩人都是性格太強，完全按照自己的想法去生活，沒有孩子的時候還行，有了孩子以後卻沒辦法為了孩子和家庭做出犧牲，自然沒辦法長久地生活在一起。而奇拉只是默默地覺得，女人找一個男人（男人找一個女人也一樣），恐怕最先得參考一下他的原生家庭給了他感情與家庭模式的何種「預設設置」。並不是說原生家庭什麼樣，這個男人就會什麼樣，因為也有人能夠深刻反思並且極力擺脫自己所厭惡的原生家庭模式，讓自己的感情和小家庭朝著完全相反的方向前進。但無論如何不能否認，還有很大一部分人無意識地在自己的人生中重複著原生家庭裡、在父母之間所發生過的一切。

你是否被疼愛著？

在奇拉念大學的時候，有一位關係很好的學姐孫彩華，瘦瘦小小的卻很有親和力，學習不錯，人長得漂亮，在學生會裡也很活躍。彩華學姐在剛上大二的時候開始學韓語，找了一個被公司派來進修漢語的韓國人當學伴（彩華教他漢語，他教彩華韓語）。閒聊時提起這位韓國學伴，彩華學姐總是讚他長得帥、有風度、有男子氣概。後來這位學伴自然而然地升級成了彩華學姐的男朋友。彩華學姐特意跟男朋友一起請奇拉吃過一次飯，所以奇拉見過他一次，覺得他看上去挺不錯。大二學期結束，韓國男友為期一年的進修也結束，他回到了韓國。之後的一年，兩人異地相戀，韓國男友來過一兩次中國，看望彩華。到了大四第一學期結束的那個寒假，彩華終於對奇拉說，畢業後要去韓國結婚。奇拉一面恭喜她，一面問起她是怎麼跟韓國男友確定了要結婚的。彩華學姐答道：

「從他走，到我大三結束這一年裡，他來了兩次，我們也一直保持聯繫。開始就聯繫很密切，後來他換了首爾機場地勤的工作，可能也是新工作不容易，再加上異地的時間長了，慢慢聯繫就少了。其實我大三完了的那個暑假飛到韓國去見了他一次，估計如果我那個時候不去，這段關係就會慢慢淡了。但是我去了韓國，跟他一見面，還是感覺很好，還是很喜歡他，所以就決定了畢業以後去韓國。那我也不可能一個人就這麼去韓國找他生活，他爸媽我也見過了，也沒什麼問題，那既然過去，肯定是要結婚了。」

彩華學姐說得很實在。雖然是學姐自己努力地追過去的，決定結婚的過程可能不是那麼浪漫，但不管怎樣奇拉還是由衷地替她高興。

過了四、五年，奇拉漸漸跟學姐聯繫得少了。一次一位教授去韓國公差，臨行前有一紙箱的文件沒法隨身帶回，就請彩華學姐代為保管，稍後郵寄回中國。因為學姐的丈夫在機場做地勤，同時他也與這位教授認識，所以三人就一起在機場見面，聊了一會兒，然後彩華學姐才和丈夫一起離去。這位教授跟奇拉很熟，也知道奇拉與彩華學姐要好，當奇拉問起「彩華學姐看起來是不是幸福」的時候，他是這樣的回答的：

「就匆匆見了一面，聊了十幾分鐘，是不是幸福我可看不出來……不過我那一紙箱子滿滿都是文件，我這麼大塊頭搬著都不輕鬆……我到了安檢，看他們走的時候，見彩華她丈夫就一扭頭走在前面，彩華她自己那麼瘦瘦小小的一個，費力地搬著那箱文件，歪歪斜斜地跟在後面走，她丈夫連頭都不回。我當時心裡還挺不是滋味的。」

聽了這樣的回答，奇拉也沉默了。彩華的丈夫當時為什麼不幫她搬那一箱沉重的文件？除了彩華和她丈夫以外，誰也沒法知道。也許是她丈夫著急回去上班忽略了？也許是韓國男人的大男子主義，不肯在別人面前幫老婆提東西？也許是他們並不順路？也許是當時他們之間有些不愉快？可無論怎樣，一個男人是不是疼惜你，從細節上就能看出來——那些他自然而然、甚至是下意識願意為你做的小事（而不是刻意開車門之類展現紳士風度的表演）能說明很多問題。不要忽視這些小細節，如果在這些小細節裡有什麼讓你覺得不對勁，或者不舒服的地方，不要忽略直覺的警報，弄清楚到底是什麼讓你不舒服，以及它出現的理由。

實質性的貢獻

想當初，奇拉跟老張在中國認識，然後老張回了法國，之後兩年間沒有什麼聯繫。後來剛剛開始交往時，奇拉是在德國，老張在法國，並且老張很快要去更遙遠的地方當交換學生。如果當兩年的交換學生，老張可以直接拿到碩士學位。當時奇拉覺得這段感情很無望，因為一開始就是異地，老張還要去更遠的地方，等他回到法國，奇拉在德國的合約就要結束了，又會變成一個在法國、一個在中國的遙遠異地，沒有能夠真正相處的時間。奇拉對這段感情沒把握，覺得自己不能開口讓老張別去做交換學生、留在離得相對較近的法國。結果沒想到老張有一天突然自己開口說：「我正在考慮是不是要搬家到德國你住的城市去啊。」

奇拉當時真的非常驚訝，因為這就意味著：首先老張要放棄取得碩士學位的機會，拿到本科畢業證書就來德國找工作；其次老張在德國只認識奇拉一個人，沒朋友、沒親人、沒工作、沒房子，沒學上，得先學德語，一切都得從頭開始；再說奇拉跟老張雖然認識已久，但實際的交流並不算多，真正開始交往也只有兩個月而已。

在與奇拉商量妥當之後，老張放棄了當交換生的機會，在半年後搬家到了德國，找了一份兼差，開始與奇拉共同生活。

直到多年以後，奇拉每每說起老張搬家到德國的「壯舉」還會覺得感動，因為奇拉自問如果異位而處，自己絕對做不到為了剛開始交往兩個月的男朋友放棄碩士學位，去一個語言不通的陌生城市生活。而當初如果老張沒有搬家來德國，這段感情的結局應該是可以預見的。無論是出於不想錯過也好，是法國人的浪漫也好，是對對方、對感情有信心也好……靠譜的男人總會為推進你們的關係釋放出積極的信號，做出實質性的貢獻。

還記得奇拉剛生完孩子大出血之後，回到病房休息了一會兒，就想要去洗手間方便。醫生鼓勵奇拉儘早下床活動，讓奇拉自己去洗手間。老張便陪著奇拉，慢慢地挪動到了洗手間裡，剛關上洗手間門，奇拉忽然失去了意識。

等奇拉清醒過來，先是看到了洗手間門上的那塊玻璃，根本不知道自己身在何處，也不知道自己在幹什麼，彷彿大腦完全重置了一樣。過了一會兒，奇拉才意識到自己正靠在老張懷裡。

奇拉聲音微弱地問老張：「我們在哪兒啊？」

老張覺得很莫名其妙：「在廁所裡啊。你不是要上廁所嗎？」

奇拉道：「你沒發現我暈倒了嗎？」

老張很驚訝地說：「我沒發現啊！我就覺得你忽然靠在我身上了，我就抱住了你。」

「我靠在你身上多長時間？」

「時間很短，就一兩分鐘。」

「我剛才一瞬間什麼也不知道了。」

老張嚇得就要把奇拉橫抱起來送回床上，可奇拉怕牽動傷口，還是倚著老張慢慢自己走了回去。

從那之後，奇拉再也不敢下地去洗手間，大小便都在床上用特製的便盆解決。一次奇拉在床上忍著傷口疼痛，好不容易大便成功之後，向外邊叫人，發現只有老張在。奇拉很不好意思，不讓他去倒大便，可是老張說：「這有什麼呀，我去倒啊。」然後就拿起一盆便便去了洗手間，又把便盆洗乾淨，拿了回來。奇拉當時真的覺得很不好意思，卻又很感動。

奇拉剛大出血之後，想住單人病房，可是沒有，於是只好住進了三人間。旁邊的兩位產婦都已經生了孩子一兩天，恢復了一些，有時候跟家人聊天，又不斷有親屬、朋友前來探視。病房門不停「咣當、咣當」地響（奇拉在最靠門的床位），加上不間斷的聊天聲，三個剛出生的孩子不時的哭鬧聲，護士一會兒進來量體溫、一會兒來清洗傷口，一會兒又該給孩子餵母乳……奇拉戴上耳塞還是堵不住不停湧進耳朵的噪音，生完一夜孩子，大出血之後五、六個小時都還沒能睡覺。當時奇拉感覺自己的狀態已經是只有一絲氣息尚在，極度疲憊可還睡不著，閉上眼睛總是馬上就要進入睡眠的狀態，可是不斷有聊天聲、哭聲、關門聲把奇拉從入睡的邊緣給拉回來。再後來奇拉一閉上眼睛，眼前已經有萬花筒般的、不斷變換的彩色花紋，整個人覺得比死還難受。

奇拉真心對天祈禱：「老天啊，讓我睡兩個小時吧，不然就讓我死吧。」

老張站起來說：「我去跟他們說。」

要知道，老張從來都是不喜歡跟人家起爭執的。在德國時，樓上鄰居在老式的、完全不隔音的木結構樓房裡開趴，吵到淩晨兩點多，老張都猶猶豫豫不想上去提意見。所以當時在病房裡老張的乾脆和決斷，令他就像個光芒萬丈的救世主。老張走過去，對仍然大聲聊天的一群中國人，用漢語說道：

「不好意思，我太太剛生完孩子，需要休息，可不可以請你們安靜一會兒？」

一群中國人突然看見一個人高馬大的藍眼睛老外來說漢語，已經被嚇到，又見他態度友好，說得也合情合理，終於安靜了下來。等到奇拉戴著耳塞再次被吵醒時，已經是兩個小時後了。終於睡了一會兒，眼前的萬花筒幻覺消失了。

靠譜的男人不一定都像老張這樣，不過像老張這樣的還算是靠譜的男人吧？

社會普遍態度

還有一件事，奇拉也覺得很很很重要，就是了解在他（或她）的國家裡，公眾普遍的、對亞洲女性（或男性）的看法。

在德國和法國，尤其是在德國，奇拉感受到了傳說中的、西方男人對亞洲女性的「謎之好感」。各個超市里屢次莫名其妙地多找錢就不說了，最誇張的一次是奇拉攜帶「非法武器」去了德國某著名政府部門參觀，被荷槍實彈的安檢查出來之後的神奇故事。

那次是奇拉剛到德國五天，一位德國同事非要帶奇拉去某著名政府部門參觀，奇拉其實當時時差的疲憊還沒完全消退，不很想去，但盛情難卻，只得有些昏昏沉沉地拎了手提包，跟她一起大老遠地騎自行車去參觀。

進了大廳就有荷槍實彈的六、七名穿軍裝的安檢人員和兩個像機場安檢門一樣的檢查設備。德國同事先過去了，沒問題；奇拉也過去了，沒問題，可是奇拉的包卻被扣下了。遠遠地能看見幾名安檢人員湊在一起，拿著一個什麼東西在研究討論。半晌討論完畢，一位背著槍的高大安檢朝奇拉走了過來，一通德語吧啦吧啦。奇拉剛到德國的時候，德語還沒那麼好，再加上時差造成的頭腦昏沉，這冷不丁一通語速超快的德語，奇拉全沒聽懂，只是看清了他手裡拿的東西——奇拉手提包裡一直裝著的防狼噴霧。

這個噴霧是親戚從美國回來時送給奇拉的，奇拉一直就裝在手提包裡。托運到德國後也是一直放在手提包裡拎著，其實從來沒用過，奇拉都忘記了它的存在。此時一看到這個東西，奇拉嚇出一身冷汗。德國同事當然聽懂了安檢說的話，她神色不安地過來給奇拉翻譯說：

「他說在德國攜帶這種攻擊性的噴霧是違法的，除非有政府頒發的許可，才可以持有一種專門針對動物的噴霧，一般是喜歡在偏僻的野外徒步的人才會持有的。可是你的噴霧上，還用英語明確地寫著是應該『對準人的眼睛噴射』的，所以這個東西是非法的，而且你還帶到了重要的政府部門來……」

然後她又非常緊張地對奇拉說：「我會對他們好好解釋，說你是大學正式邀請來工作的大學教師，可是我不知道這些人要怎麼處理，會不會把你帶到警察局去……」

奇拉聽到這裡已經嚇得快昏倒了，怎麼清白的人生突然陷入了要被帶到警察局的境地!?

德國同事跟幾位安檢一番解釋之後，得到的答覆是他們扣下噴霧，先放我們進去參觀，然後等我們出來的時候再處理噴霧的事。

在政府部門裡參觀了一圈，奇拉哪裡還有心思聽介紹？最後忐忑地回到入口處，安檢一看到奇拉出來，就走了過來，又是一通德語。奇拉惴惴不安地只聽懂了一句：

「Jetzt drücke ich zwei Augen zu.（現在我把兩隻眼睛都閉上。）」

然後安檢們把噴霧還給了奇拉，笑著跟奇拉說「再見」。

奇拉接過噴霧，也笑著說「謝謝，再見」，雖然內心完全不明白到底是什麼情況。

出了政府部門，德國同事大大地鬆了一口氣，說：「我真的很緊張，特別怕他們把你帶走，如果是這樣的話，我們開學就沒有老師可以上課了……」奇拉當時心想：「拜託，原來你不是擔心我，只是擔心沒有老師上課，好吧，謝謝啦！」

然後她又說：「這真的是緣於德國男人對亞洲女性特殊的好感，他們都覺得亞洲女人個子小小的，性格溫順、可愛，所以才這麼容易讓你走了。如果是一個德國女人——比如說是我帶一個噴霧要進去的話，他們肯定要給我做筆錄，或者到警察局登記什麼的，不可能什麼都不管就讓我走了。而且最讓我覺得不可思議的是，他們明知道這個東西在德國是非法的，居然還又還給你了？連我都不明白這到底是什麼情況。」

奇拉聽得有點哭笑不得，就問她最後那個安檢說「把兩隻眼睛都閉上」是什麼意思。她回答說：「德國有一個俗語是『閉上一隻眼（ein Auge zu drücken）』，大概相當於漢語裡『睜一隻眼閉一隻眼』，裝作沒看見的意思，而他現在是兩隻眼睛都閉上了，所以把噴霧還給你了嘛！」

奇拉聽完深深慶倖，覺得簡直是一番奇遇。

每個人都會深受自己國家的文化背景、社會普遍觀點，甚至是主流媒體態度的影響。如果你認真交往的男朋友也來自對亞洲女性有類似好感的國度，那可能就需要認真感受、仔細區別，究竟他是真的愛你，還是只是對亞洲女性的一時新鮮？對他來說，你是獨特的、唯一的那個人，還是某一個比較可愛的亞洲女孩兒而已？諸如此類的還有，他對你的國家（或者故鄉）是否抱有友好的態度？對媒體上關於你的國家的負面資訊，是否能用客觀、公允的態度去進行評判，還是一味大肆批評，嗤之以鼻？

在選購一件長期使用的物品，比如說：電腦，我們都知道不能只看外殼設計和桌面圖片是否美麗時尚，更重要還得看作業系統和原廠硬體設備的品質。因為這兩者不好調整，還能不時一鍵還原。那麼在選擇終身伴侶（或者至少是長期交往的對象）時，又怎麼能只看到對方的風趣幽默、風度翩翩，而忽略了他的原生家庭狀況、對你是否疼惜、對你們關係的實際貢獻，以及文化背景影響等更深層的重要因素？一旦你們在相處中出現了跟你預想不同的狀況，也要分辨清楚，到底是文化差異問題、感情熱度問題，還是個人性格問題。世界上靠譜的男人可能來自任何一個國家，而渣男就更是不分種族、不分國籍，到亞洲騙亞洲姑娘的西方渣男也不在少數。在跨國戀愛和婚姻中，如果一個男人沒讓你覺得自己被疼惜（或者一個女人沒讓你覺得自己被尊重），那就要勇敢面對真相，找出原因，千萬別把文化差異作為逃避事實的藉口。

和一個外國人的婚戀，不僅是和這個人，也是和他的家庭、他的國家、他的文化背景的婚戀。

11.社會壓力與偏見

勞諾的「真命天女」

老張有一個法國朋友勞諾，從少時起就非常要好，十幾歲的時候經常一起打球、出遊，一起喝酒玩鬧。後來老張在中國的時候，胖胖的勞諾千里迢迢地到中國看他。勞諾剛到中國拿不好筷子，幾乎餓了一天的肚子，第二天就速成了拿筷子夾土豆絲的神技；然後跟著老張一起逛三里屯喝酒樂不可支；遊長城心曠神怡；在秀水街砍價砍得不亦樂乎；去內蒙古草原被曬得暈頭轉向……奇拉和老張在德國登記結婚時，勞諾也特地飛到德國，參加了奇拉和老張的婚禮。

老張和奇拉住到法國後，常常會跟勞諾見面。有時是在打球的地方見到，有時是請勞諾來家裡吃飯。跟勞諾熟識之後，奇拉就問老張：「你別的朋友都帶著男、女朋友，怎麼勞諾總是一個人啊？」

老張就傻笑著說：「因為勞諾這方面的品味比較特別，他一般喜歡比他大十五歲以上的女的。從我們十幾歲的時候，他就喜歡快三十歲的女的；現在我們二十幾歲，他交的幾個女朋友都是四十歲左右的……所以就不容易找到女朋友。」

「啊？」奇拉傻了：「那比他大十幾歲的女的，不都應該結婚有孩子了嘛！」

「對啊，他找的很多女朋友都是離婚帶孩子的啊。」

「欸!?」奇拉半天無法言語，定了定神才又問：「是他自己比較特別，還是法國男的都喜歡離婚帶孩子的女人啊？」

老張哭笑不得地答道：「那喜歡比自己大十幾歲的女的，肯定是勞諾他自己比較特別吧，可離不離婚，有沒有孩子，也不是你要不要找一個人的標準吧？」

「在中國肯定是離過婚、有孩子的女人，就不容易再找對象啊。」

「那在法國沒有這個問題。有的男的還就願意找有孩子的女人，他們覺得生過孩子、會照顧孩子的女人就比較成熟。」

「啊？」奇拉覺得難以理解：「可那不是他們自己的孩子啊！法國男人怎麼能接受？」

「離婚、或者有孩子，都是她們過去的生活，是她們的一部分。你喜歡她，就應該接受她們的這一部分，因為這就是她們現在的樣子啊。」

奇拉癟癟嘴，老張說的確實很對，理論上奇拉當然也完全同意這種開明的看法，可是奇拉在中國看到的社會現實不是這樣的呀。如果在中國這麼說，無非也就是說漂亮話而已。一個社會以及男人們，真的可能不在乎一個女人是不是離過婚，是不是有孩子嗎？未婚的男人們可以接受，跟一個新女朋友在一起，順帶還要照顧她和前夫（前男友）的孩子嗎？

後來幾年間，勞諾陸續找了幾個女朋友，有時候朋友聚會也會大大方方地帶來。他的四十歲左右的女朋友們，在一群二十七、八歲的朋友中，也大都泰然自若，少有局促的樣子，而這群朋友也是毫無異樣地跟他的大齡女友聊天交流……也許只有奇拉一個人在肚子裡暗暗尷尬吧。

再後來，勞諾三十歲了，他在工作中認識了兩個孩子，然後跟孩子們的（已經離婚的）媽媽發展成了戀愛關係。毫無意外地，這位孩子媽媽四十五歲。勞諾跟這位女士的戀愛關係似乎發展順利，一次，勞諾邀請奇拉和老張去這位女友家共進晚餐。奇拉赴約前，心裡暗自琢磨，到底是怎樣美貌又有魅力的二孩媽媽，才能令三十歲的未婚小夥子拜倒在她的石榴裙下啊？到了那裡一看，兩個男孩子一個十二歲，一個九歲，孩子們的媽媽身材瘦小，相貌也是十分普通。晚餐氣氛愉快，奇拉能看出的，只有這位女士非常注重細節，餐具閃閃發亮，餐食一絲不苟……在回家的路上，老張跟奇拉講，勞諾追求這位女士還頗費了一番周折，因為本來住在旁邊的一位單身男鄰居，也在追求這位女士，已經追求了很長時間。最終勞諾贏得了芳心，那位旁邊的鄰居還非常沮喪，對勞諾各種不滿。因為勞諾頻繁出入女士的住所，常常留宿過夜，鄰居有時候在院子裡看到他，還找碴來跟他吵架。

又過了半年多，勞諾跟這位「搶來的」女士還是分手了，原因是勞諾希望能兩個人帶著兩個孩子重新找一處新房子同居，讓關係繼續發展，向著婚姻的方向前進。可那位女士覺得現在勞諾有自己的住所，也常常住在她家裡，這樣的狀態就很好，不想要進一步的改變。勞諾覺得這樣的關係沒有發展前途，兩人對這段關係未來的設想完全不同，所以最終選擇了分手。

又過了一段時間，勞諾終於找到了他的「真命天女」。這位名叫克麗絲的法國女人已經離婚兩年，有兩個女兒，大的十二歲，小的九歲。克麗絲是護士，她比勞諾大十歲。第一次見到克麗絲的時候，奇拉就覺得她人很和善，言談舉止又很大方、自信，奇拉覺得這是勞諾近些年帶出來的最好的女朋友了。相處了兩年多之後，勞諾和克麗絲退掉了各自租的房子，在一個小鎮上一起租了一棟小別墅，帶著克麗絲的兩個女兒搬到了一起住。奇拉也去了他們慶祝搬家的烤肉派對，他們倆和克麗絲的兩個女兒看起來都很開心的樣子。又過了不到一年，勞諾和克麗絲的孩子——女兒薩哈出生了。勞諾在經驗豐富的克麗絲的指導下，也學會了帶孩子，再見時已經是位像模像樣的父親了，整個人也感覺更成熟、自信了。

貝拉的幸福生活

除了勞諾以外，奇拉還親見了貝拉和彼樂濤的幸福生活。

貝拉是前面提到過的保母婭妮的小女兒，人長得乾瘦、高挑，一頭半長的棕發總是染成淡金色，偶爾賣弄些風情，是個初中畢業就學習美容美髮理髮師。貝拉十八歲的時候就跟當時的西班牙男朋友生了一個女兒。奇拉認識貝拉的時候，她二十歲，女兒麗麗兩歲。

本來貝拉跟西班牙男朋友講好，她上完理髮培訓課就帶著女兒搬家去西班牙一起生活。結果兩地分居半年多之後，貝拉覺得關係淡了，就提出了分手。西班牙男友跑到法國苦苦懇求，貝拉也沒同意復合，西班牙男友似乎也不能搬家到法國，總之麗麗三歲的時候爸媽就正式分手了。分手那年貝拉二十一歲。

婭妮家有空房，又是職業保母，於是貝拉住在父母家，媽媽婭妮按照正常工作的方式跟她簽合約，給她帶孩子，她自己因為孩子小還有政府補貼拿，兩下方便，也沒吃什麼苦。

奇拉以為貝拉帶個孩子應該不容易找到新男朋友，結果分手沒兩個月，貝拉就又有了男朋友。這個男朋友奇拉沒見過，聽說幾個月之後就又分手了。再後來沒過多久，婭妮跟奇拉聊天的時候忽然說，貝拉要搬家到離婭妮家十分鐘車程的另一個村子去住，為了和新男朋友彼樂濤同居。

奇拉的孩子和麗麗是好朋友，也在同一所學校上學（法國孩子三歲「上學」，大概相當於華人的「上幼稚園」）。奇拉第一次看見彼樂濤是他早上送麗麗來學校上課，當時的第一印象是：一個好帥的陌生小夥子又親又抱地送麗麗進了教室（法國見面和告別的禮節多是吻面禮，親人、朋友間的吻面和擁抱是正常禮節），麗麗看起來也很喜歡這個小夥子。再後來見的次數更多了，一周裡倒是有三天是這小夥子送麗麗來上學（學校每週一共就上四天課）。再後來有一次貝拉和這小夥子一起送麗麗來上學，貝拉就給奇拉介紹這是她的男朋友彼樂濤，在不遠的村子居住，並且在那裡經營屬於他自己的飯館（他比貝拉大兩歲）。

正式認識之後，奇拉每次在學校見到彼樂濤就會聊幾句，覺得這人倒很隨和有禮。學期快結束的時候，奇拉帶著孩子去參加貝拉推薦的跳舞體驗課（麗麗已經在那個跳舞課學了一年，最後一節課可以邀請一位朋友一起去上）。本以為是貝拉自己帶孩子去，沒想到彼樂濤也陪著。跳完舞回去的路上，彼樂濤開車，貝拉坐在副駕駛，奇拉和兩個孩子坐在後面。開著開著，貝拉和彼樂濤開始鬥嘴，彼樂濤就問奇拉，漢語的「fou（瘋）」怎麼說，然後開始指著貝拉用漢語說：「瘋！瘋！」貝拉就問漢語的「pas gentil（壞）」怎麼說，還問了「toi（你）」怎麼說。然後後面的一路上，這兩個人就互相指著，說：

「壞！」

「瘋！」

「你壞！」

「你瘋！」

「你壞瘋！」

「你壞壞瘋瘋瘋！」

兩人一邊在前面用聲調錯亂的漢語互罵，一邊「嘎嘎」傻笑，兩個孩子聽得一臉懵，奇拉在後座聽得腦仁疼，很想對彼樂濤說「麻煩你小心開車啊！」

半年過去，在貝拉和彼樂濤家舉行的一次派對上，婭妮悄悄跟奇拉說，彼樂濤性格怎麼好，對麗麗怎麼好，手做的披薩餅怎麼好吃……

甚至五歲的麗麗都向奇拉的孩子炫耀說：「我有兩個爸爸」（在法國孩子一般不會對父母的新配偶稱呼「爸爸」或「媽媽」，而是叫名字。麗麗這樣稱呼彼樂濤，應該是很喜歡他）。孩子跟奇拉學舌，奇拉聽了也不知該替麗麗高興還是為她難過。

奇拉私下裡問過貝拉是怎麼認識彼樂濤的，貝拉說，本來是她的一個同事（三十五歲，離婚，帶兩個孩子）看上了彼樂濤，所以每個週末就拉上貝拉去彼樂濤的飯館裡喝咖啡。一來二去熟識了，彼樂濤就會來跟她們一起喝咖啡。然後……彼樂濤就向貝拉告白了。

這情節，完全可以編成一部法國文藝愛情片了，奇拉這回真相信了法國離婚帶孩子的媽媽們，可以比較容易地開啟幸福新生活。到二〇二一年三月，貝拉給奇拉發了照片——她和彼樂濤的女兒出生了。他們一家四口開心地生活在一起，麗麗也很高興自己有了一個妹妹。

看到這裡的你可能會說，「這些跟跨國婚戀沒關係啊！」奇拉之所以講了勞諾和貝拉的故事，其實是想表達一個意思：確實在世界上的很多國家，大齡「剩女」、離婚女人，或者單身媽媽在婚戀市場上占據絕對的弱勢，她們承受著男權社會蠻橫的壓力甚至歧視。但在其他一些國家裡，女人們有更多的自由去選擇自己的幸福。當你站在更廣闊的世界中去看自己，也許就會發現：無論是年齡偏大、離過婚還是單身帶著孩子，都不是你的「短處」，最重要的是不要放棄對自己的信心和尋愛的勇氣。

愛國 or 恥辱？在飯館裡「打倒美帝國主義」!?

說到社會偏見，奇拉最初跟老張在一起的時候是在德國，兩人牽手走在街上，很少有人注目，也沒感覺到什麼由於跨國戀愛所帶來的偏見或歧視。頂多是剛開始老張還不會說德語的時候，一去飯館，侍者一律向老張提問，卻發現會說德語的是東方面孔的奇拉。

可是一回到中國，奇拉跟老張上街常會被人看，有的人看兩眼就算了，有的人會一直盯著看，都走過去了還回頭看。奇拉覺得這樣的目光很惱人，老張就給奇拉講了他以前去中國十八線小城市的經歷：

第一次是二〇〇八年，他自己去一個小城市旅遊。一下長途車，當地人就把他團團圍住，品頭論足，很多人不經過他的允許就站在他身邊跟他合影，甚至有人走過來摸他的鼻子。他先是驚呆了，不過好在他人高馬大，當地人都比他矮很多，所以倒不害怕。他看了一會兒，突然開口用漢語說：「你們在幹嘛啊，你們想照相可以先問我啊！」結果這一說漢語，倒把周圍的人嚇得夠嗆，很快人就都散了。老張的點評是：「他們可能沒見過外國人，覺得我是什麼奇怪動物，可是突然發現我是個人啊，居然還會說漢語，所以就都嚇跑了。」

另一次是老張帶著幾個法國朋友，途經一個小地方時停車吃飯，本來一個很喧鬧的小飯館，在他們一進門的瞬間卻突然變得鴉雀無聲，每個人都驚訝地抬頭看著他們，盯著他們吃飯、結帳，一直到走出飯館的大門。後來老張的朋友對老張說，這些人怎麼那麼沒有禮貌？這是他這輩子吃得最彆扭的一頓飯。

奇拉聽了老張的故事，覺得很丟臉。後來自己習慣了這些目光，也就不以為意了。然而有一次，奇拉帶老張去一家飯館吃飯時，發生了一件令奇拉難以置信且極不愉快的事情。

事情的經過其實很簡單，就是奇拉帶老張進了飯館，看到一層基本坐滿了，便拉著老張往二層走。剛上了幾級臺階，就聽一層大堂裡有個正在吃飯的老頭大聲喊了一句「打倒美帝國主義！」

奇拉當時的第一反應是：「哪裡有美帝國主義？」

等到看見滿屋的國人都在看著奇拉和老張時，才反應過來那老頭所指的「美帝國主義」竟然是老張！

奇拉當時的真實心情，真的是覺得既可笑又噁心。可笑的是，越是沒接觸過外國人的人，越會對外國人有各種奇特的理解，其中典型的一件就是覺得「外國人都是美國人」，「外國人都應該會說英語」；噁心的是，都到了二〇二〇年，國際化大都市，中國也改革開放多少年了，居然真的還有人會隨便見到一個外國人就喊這種口號？這樣無知、狹隘的「愛國主義」難道是為中國爭了光嗎？真的不怕替祖國在全世界人民面前丟人現眼嗎？

老張沒聽懂，只見一屋子的人都看過來，就小聲問奇拉：「他喊什麼呢？」

奇拉回答道：「他說他不喜歡美國人，跟我們沒什麼關係。」

老張開始傻笑：「我不是美國人啊，他衝我瞎喊什麼呢？」

「別理他，可能是腦子有病。」奇拉輕拉老張的手，上樓吃飯去了。

值得慶幸的是，被奇拉採訪到的十幾對跨國婚戀的朋友，倒都沒有說出什麼慘痛或者憤怒的故事來，這說明「打倒美帝國主義」大概是個極端的個例吧？

希望如此。

鬱悶的列特：「我永遠是外國人！」

在奇拉所有的採訪對象裡，只有以色列人列特很鬱悶地吐槽了自己在中國「永遠是外國人」：

「你知道我在北京住了七年，我真是特別瞭解北京，我也工作、也給政府交稅，可是中國人總是把我當成老外。我有一個安徽朋友，她剛到北京一個月，在北京還連東西南北都找不到，可是你猜怎麼著？我們倆一起走在路上，中國人從來都向她問路，從來沒有一個人向我問路。我在北京七年，就沒有中國人向我問過路。在中國，你長成這個樣子，你就永遠是個外國人，誰都把你當成老外。」

列特的太太李潔怕奇拉不明白列特的意思，也解釋道：「咱們中國人可能確實分得比較清楚，我在以色列就很少被看作是外國人——雖然我黃皮膚、黑眼睛，那時候剛到以色列不久，確確實實是個外國人——我去超市買東西的時候，就遇到有當地人問我『麵粉放在哪兒』；走在路上也常有人向我問路，我都答不上來，覺得特別不好意思。可能因為以色列是個移民國家，所以他們就覺得，既然你在以色列，那就是以色列人，不會一看你長的樣子就認為你是外國人。」

其實奇拉明白列特的意思，因為自己在德國的時候也數次被人問路。開始的時候奇拉很驚訝，怎麼會有德國人向明顯長著一張東方臉的自己問路，並且會因為突然有人對自己說德語而感到緊張。跟老張說起的時候，老張就說：「在法國和德國都有華裔啊，他們不覺得你是外國人。」後來奇拉習慣了被問路，對周圍環境熟悉之後，還成功給人指了幾次路。作為一個天然路癡，在異國他鄉給當地人成功指路的那種巨大成就感，估計你們很難體會——那幾乎可以算是奇拉人生中具有里程碑意義的重大事件……

社會偏見和壓力看不見、摸不著，卻是真實存在的。如果一時間找不到解決或是規避的辦法，那麼至少可以做好相應的心理建設，讓自己和伴侶能以更好的心態去面對。

12.醫療困境

尋覓一位好醫生：有多重要？又有多困難？

奇拉曾聽過這樣一句話：在一座陌生的城市想要舒適地生活，需要找到三個關鍵人物：一個好廚師、一個好理髮師，一個好醫生。

就奇拉自己的情況來看，前兩項都好說，而能否找到「一位好醫生」，才是在一座陌生城市安心生活的關鍵。

如果你自己會做飯，廚藝不必有多高，基本上能滿足「中國胃」的大部分需求就行，偶爾去亞洲飯館解解饞，也就足夠了。而理髮這種事情，奇拉個人覺得其實有些無關痛癢，一般只要不是太差的理髮師，都能滿足理髮需要。即使第一次碰到的理髮師剪得差強人意，那多試幾個總能碰到滿意的。而且理髮容錯率也高，有一個絕招是：剪得不滿意就用夾子夾起來。然而，是否認識一位能夠信任的、認真負責的、醫術高超的好醫生，很大程度會決定你在國外某城市的生活品質。

在德國和法國等歐洲國家，醫療系統跟中國不太一樣。在中國，醫療的主力是大醫院，人們有病就去大醫院掛號，通常沒有自己固定的私人醫生。私人診所是作為大醫院的輔助系統而存在的，一般的私人診所都是中醫按摩、牙醫等項目，較少有西醫全科的私人診所。而在德國和法國等歐洲國家，除了突發的急病（急診）以外，人們一般不會自己直接去大醫院就診。通常的看病程式是：先去看自己的私人醫生——這位私人醫生往往是全科醫生，一般的小病，他／她就能直接診斷、開藥了。如果是需要進一步檢查的問題，他／她通常會開出相應的化驗單或檢查單，讓患者自己去預約相應的化驗室或者檢查機構做超音波、核磁共振、X光等所需的檢查，等患者完成所有檢查、拿著檢查結果回來的時候，私人醫生要嘛做出診斷、開藥，要嘛會把無法確診的患者送診到對應的專科醫生那裡繼續診治。

同樣都是這一套看病程式，有或者沒有一位好的私人醫生，最大的差異是在哪裡呢？

首先是時間。去歐洲大部分私人診所看診，無論是全科還是專科醫生，或者是做超音坡等檢查，都需要自己打電話跟醫生（的祕書）或檢查機構預約。打電話得到的預約時間一般都是在一周之後，也就是說預約等待的時間至少是一周。苦苦等了一周，好不容易見到了私人醫生，如果醫生有經驗，就能比較快速、準確地判斷病情，做出恰當的診治，大大縮短診療時間。如果私人醫生判斷不了病情，那就有兩種可能，一個是會沒完沒了地開各種檢查和化驗單，而預約每個檢查最短也還需要一周的等待時間。光是做完所有檢查就要耗去很長時間；即使是轉診，專科醫生也有較長的預約等待時間，有些知名專家的預約都是排到一年以後的，真有什麼大病的話根本拖不起。（當然預約等待時間的長短也跟很多因素有關，首先是這位醫生是否受歡迎，受歡迎的醫生等待時間當然就更長；其次也有運氣的因素，如果剛好遇到有別的患者取消預約，可能就會獲得非常近的預約；再次，家庭醫生的等待時間一般是三天到兩周，專科醫生就可能更長些，奇拉就遇過眼科專科的醫生需要提前大半年才能約上的。很多醫生會在診所雇一位祕書，負責預約和各種雜務，也有些醫生自己負責跟病人預約時間。如果跟祕書或者醫生相熟，也可能獲得更近的預約。有時祕書或醫生會在電話裡簡單詢問症狀，如果症狀比較緊急，也可能獲得較近的預約，但若是聽起來比較嚴重或者是急症，祕書或醫生可能會建議患者直接去大醫院急診。）

奇拉曾在從歐洲回中國的飛機上跟長住在西班牙的中國人聊天，他們的玩笑話讓奇拉聽得心驚膽寒：

「你們在法國看醫生等一兩周？那非常快啦！在西班牙，等到你預約的時間，要嘛你的病已經自己好了，要嘛你已經病死了。」

其次是醫療品質上。有經驗的醫生如果判斷準確，一般不會開很多的藥，而如果醫生拿不准，那他／她很可能會把相關的藥都給你開了，那個藥量會讓你覺得，如果都吃的話，可以不用吃飯了。你還得自己琢磨，到底應該吃哪個。很多出國以後開始自學中醫的人，很可能都是這麼被逼出來的。

另外醫生的責任感也是非常重要的。有的私人醫生會讓你覺得，你出了他／她的診所大門，就跟他／她沒什麼關係了，儘管你可能一年以來都去他／她的診所看診，也把他／她定為了保險上的指定私人醫生。（在法國，每個人可以有一個指定私人醫生，就相當於真的是「你的醫生」。保險對指定私人醫生的報銷額度比非指定醫生也高一點。）而有責任感的私人醫生，在需要的時候，會親自給相熟的專科醫生打電話，簡單陳述病情，幫你儘快預約。這種情況下對方醫生或祕書是不太可能拒絕的，基本上無論怎麼樣都會幫你找一個空檔插進去，而如果是你自己打電話，祕書一句話「沒有空餘的預約時間，對不起」就掛斷了，你毫無辦法。

奇拉還遇到過一種醫生，他們最喜歡說的一句話就是「請把您的醫保卡拿出來」——是在看完診後付錢的環節。你在陳述病情的時候，感覺他們都不耐煩聽，三兩下就檢查完開了藥，你的屁股還沒坐熱，藥品處方已經拿到了手裡，那句「請把您的醫保卡拿出來」就又出來了。前文說過，奇拉剛到法國的時候，三個月大的孩子和奇拉自己都頻繁地生病，而且那時不會說法語、不能開車、不熟悉環境，只能就近在走路十分鐘可以到達的範圍內選擇私人醫生。而且因為當時生病相當頻繁，所以肯定是想找一位預約等待時間短的醫生，於是就找到了「不太紮醫生」——因為他的外文名字念起來發音很像漢語的「不太紮」，所以老張和奇拉私下裡就一直這樣叫他。不太紮醫生最大的優點是預約等待時間短，一般都是兩三天，還有幾次打電話預約時，他說：「你現在就可以過來」；而且他的診斷時間也短，十分鐘就看完了；無論你是想開假條還是開什麼常用藥，他都非常慷慨地開給你……不過不太喜歡醫生特別喜歡開激素。每次他開了藥以後，奇拉都忍著病痛，先上網查這到底是什麼藥，然後問過國內的醫生朋友。國內的醫生朋友都覺得感個冒就要開激素還是挺恐怖的，所以奇拉從來不敢給孩子吃。如果真有什麼需要診治的疾病，奇拉也絕對不會放心把自己的健康甚至性命交到這樣的醫生手上。

蛤？想在國外看中醫？

如果你在這裡舉手提問，問奇拉為什麼不去看中醫？那奇拉只能說你實在是太天真了。想要在歐洲找到像樣的中醫絕對是一件拼人品、拼運氣的事情，應該說是可遇而不可求。像在柏林、巴黎這樣的大城市，找到的機會可能還多些，在鄉鎮地方就更難了。

在國外找中醫的困難大概有三個方面。

第一，中醫針灸和中藥在每個國家被法律承認的程度不一樣。像在德國，有中藥房，和在藥房內看診的中醫，看完病就可以抓中藥，針灸費用也列入一些私人保險的保險項目；而在法國，針灸同樣被列入了一些私人保險的保險項目，但使用草藥還是違法的。

第二，民眾對中醫的認識還有很大的局限性。在歐洲大部分國家，針灸被認為更多是用來治療外科筋骨疼痛等症的方法，很少有人因為內科病症求治。

第三，也是奇拉認為最大的問題，就是針灸師水準良莠不齊。這導致了即使你看到一個針灸診所，也不敢輕易進去以身試針。可是如果沒有親自試過，又很難知道這位中醫師或者針灸師，是否有真才實學。

奇拉在一個法國小鎮認識了一位中國朋友，她以前在國內是開飯館的，餃子包得非常好吃。四十多歲時跟丈夫離了婚，然後認識了後來的法國丈夫，就帶著跟前夫的兩個孩子來到了法國生活。來到法國以後，她開始在巴黎拜一位據說是很有名的、研究傳統中醫的針灸師為師，按照法國規定的針灸師學習規程學習了五年，通過了考試，拿到了針灸師資格證，自己開了診所。

在一次私下的聚餐中，當她得知奇拉也是中醫愛好者時，便對奇拉坦言，說很多地方她自己也沒學明白，一來是本來在國內沒有接觸過中醫，很多概念一上來就用法語學習，有點摸不著邊際，而用漢語這些詞到底怎麼說，她也不知道，所以國內的中醫書也很難看懂。她在診所給病人扎針時只是用一些經驗穴去扎，碰對了有效，不對的話也沒辦法。

而奇拉也曾向一位在德國開業已久的針灸師求治過，她一見到有中國人來，就很熱情地用漢語跟奇拉攀談，奇拉記得很清楚，她當時有一句話是這麼說的：「反正針灸是很安全的治療方法，即使扎不好也扎不壞嘛。」當時奇拉聽了，恨不能找個藉口掉頭走掉，因為即使奇拉中醫知識所學有限，也知道針灸影響經絡運行，一針下去要嘛有益，要嘛有害。奇拉也常在國內見到針灸大家臨診，即使有幾十年針灸經驗，擬定配穴時都還要再三斟酌，如果一位經驗、學識都未必充分的針灸師，抱著「扎不好也扎不壞」的想法來施針，那實在是難以令人安心。一來能不能治好病已經很難說，二來也不知道會不會引發其他疾病甚或留下健康隱患。

中醫與西醫

奇拉曾經看到過一個很經典的比喻，講述西醫與中醫的最大區別。比方人體就像是一鍋水，疾病就像是下麵的火，火把水燒沸，人體就出現了病症。那麼為了平息沸騰，西醫的方法是往裡面加冷水。冷水一入，沸騰立止，而且無論鍋下面是柴火、爐灶還是其他任何加熱方式，這個方法一概都會有效。但問題是過了一段時間之後，水還是會慢慢沸騰，因為下面的火源並沒被改變。而中醫就很不同，它要先明確水為什麼會沸騰，是什麼東西、以什麼方式把它加熱了，然後一面抑制沸騰，一面嘗試把火熄滅——柴火就潑水上去，灶火就關瓦斯，如果是因為環境太熱就去冷卻環境……最終從根本上去治癒疾病。

中醫施針、開藥的時候要考慮到每位患者的身體（經絡）狀況，推斷出患病的根本原因，甚至還要考慮到病人的情志、生活的環境等等各種因素，才能開出最有針對性的針灸或中藥處方。同樣都是感冒，風寒和風熱感冒的治則並不相同，針對感冒初起、中期、末期的藥物也都不同，甚至不同的兩個人有完全相同的症狀，也會因為兩人的身體寒、熱、虛、實等基本情況開出不同的藥方。這種細緻入微的、極有針對性的診治，是西醫很難做到的。西醫的診治是把人體看作是很多零散的部件，哪個部件有問題就治哪個部件，這從分科上就能明顯地看出來；而中醫是把人體看做一個整體，任何一個部位出問題，都會從整體找原因。

然而，正是因為中醫的針對性和細緻性，如果想身在國外，向國內的中醫師尋求救治，又是遠水難解近渴。中醫師如果沒有辦法摸脈、診察經絡，就較難瞭解患者身體的實際情況；不能辨症施治，也就較難收到滿意的療效。

奇拉一直覺得西醫真的是一種很「硬核」（剛硬）的醫學——在法國的某個跨國媽媽（有法國丈夫、中法混血孩子的中國太太）微信群裡，很多辣媽都吐槽過一般西醫私人醫生的三板斧：先是針對症狀開點藥，咳嗽就開止咳劑，咳得太厲害不能睡覺就開含有安眠成分的止咳劑……等待身體自癒，如果不行就上抗生素，如果還不行就上激素，再不行基本上就衝著手術的方向去了。

保母婭妮的大女兒婭蘭有一個一歲的女兒，婭蘭按照醫囑給孩子每天餵維生素D（法國醫生都會給孩子開維生素，定期服用），也讓孩子正常飲食。然而孩子從幾個月大開始就頻繁嘔吐，總也找不到原因，於是婭蘭帶著孩子輾轉求醫，最後在里昂看了很有名的兒科醫生。那位兒科有名的專科醫生認為是胃酸分泌問題導致的嘔吐，他讓孩子吃了一種阻止胃酸分泌的藥，外加服用人工胃酸來代替胃酸分泌。整個療程是一年，不能中途停止，否則會對孩子的身體造成巨大的傷害。

婭蘭給孩子開始了為期一年的療程，雖然症狀輕了很多，可是孩子偶爾還是會嘔吐。給孩子吃了幾個月藥之後，婭蘭全家搬到了新的城市居住，找了一位新的全科醫生給孩子做例行檢查。這位新的全科醫生建議她說，可以嘗試讓孩子停服維生素D，因為她見過有的孩子嘔吐是因對人工合成的維生素D不適造成的。婭蘭於是停止給孩子餵服維生素D，孩子從那一天起再也沒嘔吐過。但是人工胃酸的療程已經開始了，不能中途停止，婭蘭只好又繼續餵了孩子大半年藥。本來是停餵維生素D就能解決的小問題，卻因為醫生的經驗不夠或者判斷失誤，讓那麼小的孩子，吃了一年抑制胃酸和什麼人工胃酸的藥。雖然最後孩子病好了，可這些根本沒有必要的服藥，會對身體造成哪些潛在性的傷害，誰也說不準。

以上這些是奇拉在婭妮家遇到婭蘭，看到她給孩子餵藥，就問了一下孩子的病情，然後婭蘭親口告訴奇拉的。

當然，某一個或某幾個醫生的水準，並不能代表某一項醫療方式的水準，而且說到底，個人的身體狀況不同，會喜歡西醫還是依靠中醫也因人而異。奇拉在這一篇無意討論中西醫之爭這種連學界都尚無定論的話題。本篇所討論的、跨國婚姻中會遇到的醫療困境在於：依靠中醫的人在國外找不到可以依靠的中醫，而相信西醫的人在其他國家可能也找不到自己可以信任的西醫。

不相信中（國）醫（生）的外國人和離不開中醫的外國人

前文提到過的、在工作簽證和買車政策之間陷入困境的中國姑娘木木和巴西小夥兒桑東就遇到了類似的問題，而且還導致了兩人不止一次的爭吵。

事情的起因是一次木木在下班的地鐵上由於生理期腹痛不止，而且還得坐一個小時地鐵才能到家。於是她給桑東打電話，想在丈夫那裡尋求一點心理安慰。電話接通後，木木抱怨了自己經期腹痛，並說：「我真得找個時間看看中醫，好好調理一下。」

本來桑東還是安慰了木木幾句，說很快就到家了，可以吃點止痛藥等等，可是從木木說了要看中醫開始，通話的整個話題就變了。桑東用了四十多分鐘，給木木講，中醫是騙人的、為什麼不應該相信中醫、中醫為什麼不科學，等等。一開始木木還忍著痛，耐心給桑東解釋一些中醫的基本理念，說「一項能夠存在幾千年的醫學一定有其過人之處」，還說「某些中醫醫生醫術欠佳，不等於中醫就是騙人的」……然而所有的解釋都被桑東用「可是」接住，再用「其實」講回來，努力地告訴從小都看中醫的木木「中醫真的是騙人的」。

最後，脾氣一向溫和的木木在滿是乘客的地鐵裡，對著手機話筒大喊道：

「我現在沒有耐心、也沒有力氣跟你扯這些！我上了一天班已經快累死了，現在肚子疼，你就不能說幾句人話嗎!?」

然後直接掛斷了電話。

木木跟奇拉在越洋電話裡說起這件事的時候，簡直氣瘋，她還敘述了一下桑東在北京生病是怎麼看醫生的——先微信發症狀和患處照片給巴西的西醫醫生朋友，然後按照巴西醫生的指示服藥，有些藥還讓他母親從巴西寄過來。

桑東對中醫是從一開始就不信任的，而他對中國西醫的不信任是從多年前一次去醫院開始的。當時醫生要給他打針，他看到醫生用東西劃開玻璃瓶要給他靜脈注射，就嚇得跑掉了。他說劃開玻璃瓶時的玻璃碎屑和纖維都可能被注射到血管裡，他還年輕，不想死。從此以後桑東就對中國的西醫抱有深深的懷疑態度。後來又有一次因為腳踝長年腫痛求醫，他以為是運動扭傷或者挫傷的舊傷，就把各大醫院的運動、骨傷之類的科室跑了個遍，也沒治好。結果過了一年之後偶然驗血，才查出來竟然是痛風。從此桑東對中國的西醫愈加不信任，即使發燒四十度，桑東也堅決不去醫院。

無獨有偶，奇拉的德國同事當年在中國骨折，也是回到德國才進行手術，沒有在中國醫治。

其實奇拉這些年在德國、法國和中國都看過病，覺得國內一流西醫醫院的硬體、軟體都不比國外的差，甚至可能用來檢查的機械設備還更新一些。也許對他國醫療的不信任，是一種先入為主的偏見吧？每個國家的醫療方式和醫療體制都不會是完美的，也許只要不是自己習慣的那種，就很容易產生不信任感？

然而有的時候，事情也不是那麼絕對的。有意思的是，在北京住了七年的以色列人列特對奇拉抱怨的恰恰是住回以色列之後，「不習慣沒有中醫針灸幫忙調理身體」，並且他也提到了「以色列也有私人的針灸診所，可是不敢去，因為不知道技術好不好。」德國人楊思語和太太程續來奇拉家小住的時候，每天早晚都各自掏出一小袋藥粉，用熱水泡開後喝掉。一問才知這是他們去荷蘭旅行時，特意拜訪了朋友介紹的、當地有名的中醫師，開出的中藥（藥粉）。

在採訪中，奇拉也聽到了一些關於中醫的抱怨，比如法國太太梅格就吐槽說「看中醫醫生時總是有別的病人進來，沒有隱私，我都不敢說自己有什麼病了。」她吐槽「中藥很難吃」，又問奇拉：「你們說的『上火』到底是什麼意思？那個『火』是什麼火？」梅格跟習慣看中醫的臺灣丈夫吳玉一起生活了十幾年，她自己也在臺灣生活了比較長時間，尚且無法理解中醫的很多概念，那些完全沒接觸過亞洲文化和中醫理念的歐洲人要理解並信任中醫的難度有多大，就可想而知了。

連中國歷史上某位文化名流，都曾大力貶損中醫，卻在身患惡疾、西醫醫生都束手無策時，被中醫幾服藥救了性命。之後他就說：西醫是確定病名的科學，讓你明明白白地死；而中醫一般人誰也搞不懂，卻能糊裡糊塗地被治好，活下去。確實，中醫說的那些「脾胃虛寒」、「肝鬱氣滯」之類的病名，很難搞懂，於是那些不懂的人們便習慣性地去質疑、貶損自己無法理解的事物了。

拜託，你說的攝氏三十九度，到底是哪裡的溫度？

除去看醫生的方面，奇拉在歐洲感受到的醫療困境還有其他一些更為瑣碎的方面。

當初奇拉在德國大學就職的時候，有一年恰逢春節發高燒，而春節的時候德國是不放假的，所以奇拉只好去看醫生，醫生給奇拉開了幾天的假條。等到奇拉病還沒完全好，就在寒冬臘月拖著一直出虛汗的身體去辦公室開會時，一位從來就不太容易相處的德國同事對奇拉請病假缺課的事情表示出了格外的不屑，說了句「發燒攝氏三十九度對我們來說不算什麼」，言外之意就是指責奇拉「只是發燒三十九度而已，就缺了好幾天的課」，而且還話裡話外地影射奇拉「只是想春節放假而已」。主管當然請她慎言，強調生病可不可以休息是以醫生的判斷為准的。可奇拉也當然覺得自己是身在異鄉、春節高燒、沒人照顧，還受了當地同事的欺負。

後來跟好友楊思語吐苦水的時候，楊思語自然也覺得這位德國同事的無端猜測很過分，不過他也承認德國人和中國人對於發燒到多少度才算是高燒，確實是有不同的看法。

後來奇拉看過幾次德國醫生才發現，醫生在診所裡量體溫時，並不像國內一樣測腋溫，而是比較多測肛溫或口溫，而肛溫和口溫的正常溫度是比腋溫的正常溫度高的。奇拉在網上查找過才發現，人體正常的直腸溫度是攝氏三十六到三十八，而正常的腋溫卻是三十四點七到三十七點三度。所以腋溫到達三十八度已經是在發燒，而肛溫三十八度就還好。

所以，也許德國同事不知道中國人通常測量的體溫是腋溫，而誤以為奇拉說的三十九度是肛溫，覺得奇拉只發燒了一度就缺了好幾天的課？

東方人太嬌氣？是體質差異還是觀念差異？

拋開測量體溫的方式不談，東、西方人對於健康，或者養生的看法確實有差異。奇拉也不知道是由於東、西方人體質有差異，還是對待疾病的態度不同。

德國同事彼德曾經對奇拉說，他認識很多的中國人，覺得中國人都太在意自己的身體、太在意生病這件事了。對於奇拉說的，東、西方人從人種到體質的差異，他比較不以為然。

可奇拉總覺得東、西方人的體質還是有差異的。且不去管人種差異，單從飲食上來談，東方人的飲食結構以植物性成分為主，比如說：米飯、麵食、蔬菜，之後才是蛋奶肉；而西方人飲食多以動物性的肉、奶為主，其次才是植物性的麵包和蔬菜。這樣祖祖輩輩長起來的兩種人，體質會沒有差異嗎？德國、法國春天天氣剛回暖到十幾度的時候，滿大街就已經有不少人開始穿短袖，這麼抗凍難道只是因為觀念和態度的作用嗎？老張在最低溫度偶爾會到零下十度的法國中部活了二十幾年，從來都是一條單褲過冬，沒聽說過世界上還有套穿兩條褲子這種事，這也是觀念和態度的作用嗎？（他父母以及朋友們也都是一條單褲過冬啊！）

至於女性經期不能吃冷飲？生完孩子要坐月子？如果你跟歐洲女人提起這些，得到的答覆一般都是大寫的驚訝，還加上一句：「我沒聽說過。我從來都沒有這些禁忌，可身體一個問題也沒有啊」。

好吧，奇拉從很久以前就已經決定，不要按照老張一年四季都穿短袖的習性去衡量自己是否穿得太多，也不要跟體壯如牛的歐洲人去討論健康問題。去找個可以信任的好醫生，閉上嘴巴按照自己習慣的方式去活著就好啦。

萬一找不到可靠的醫生，你就會知道，出路只有兩條：要嘛自己變成醫生，要嘛就只能好好體會，疾病與衰老是如何折磨人的。

13.無法避免的犧牲

無法避免的犧牲與被重置的人生

人生總是無法避免地需要做出選擇。選擇你最想要的，然後拋卻次要的。有時候我們會習慣於把拋卻掉的、再也無法找回的東西稱為自己做的「犧牲」。

人生中的「犧牲」似乎是司空見慣的——想當全職太太就得犧牲掉自己的大部分事業；想當母親就得犧牲掉很多的時間與自由；想自由創業就得犧牲掉很多休息時間和朝九晚五的安穩生活……

移居法國之前，奇拉在一所中國一流大學裡有著終身職的教席，有講師的職稱、不錯的薪水和每年的寒暑假，有各項保險和住房補貼，並且工作的內容又是自己喜歡且學習多年的專業。

選擇離開，是個非常艱難且沉重的抉擇。當時學校裡年長的、相熟的同事曾對奇拉語重心長地勸道：「你可要想好了，開弓沒有回頭箭。」

其實奇拉心裡很明白，一旦離開，再想回來就不可能了。因為奇拉通過面試被聘用時，是作為本校的應屆碩士畢業生，也可以簡稱叫做「留校任教」，當時即使是「留校任教」，能通過激烈競爭留下的，也是一隻手足夠數過來的寥寥幾位。而除此一途之外，想應聘進大學當授課教師是非有博士學位不可的。一旦辭職，就失去了之前積累的所有優勢，即使是再去刻苦攻讀下博士學位，也很難說是不是還能回到大學任教了。

跨國婚姻中，至少有一方得為共同生活做出犧牲。如果說生活與愛情都是一場自負盈虧的賭博，那麼你自己選擇的犧牲，是不是需要別人來買單呢？而做出犧牲之後，又能不能看到別樣的風景呢？

來到法國的前兩年，奇拉的生活都是圍著孩子轉的，加上學點語言、搬家、頻繁生病所耽誤的時間，可以說前兩年奇拉的生活都是沒有什麼方向的，簡直一團糟。能夠不生病、睡飽覺，帶好孩子並應付下來洗衣、掃地、做飯、整理、剪草等所有家務就已經是阿彌陀佛了，哪裡還敢奢望去尋找什麼人生方向？

心情低落、現實窘迫中，曾在微信朋友圈看到國內年輕的新手媽媽發的一條雞湯文說：「我希望在我手握鍋鏟的時候，還能眼望著遠方。」

嗯，能依靠月嫂和父母幫忙帶孩子的人就是志向遠大呢。滿心羨慕嫉妒恨的奇拉便在下面回了一句：「很好，我也想望一望——如果我能睜開只睡了兩個小時的雙眼的話。」

到了第三年，來自孩子的壓力逐漸減輕，奇拉就開始思考和嘗試自己究竟能幹什麼，又想幹什麼。因為語言水準不夠，無論是一般求職還是跟教育專業相關的求職都被拒絕，又因為身在農村而沒有駕照，所以求職的範圍更是極其有限。

然後不知怎麼的，奇拉想起了從兒時就開始的、一直以來的寫作夢想。於是半是玩票、半是認真地研究了幾本臺灣的指導寫作的書籍。看到書裡和網上都在說，出版業不景氣，素人機會極少，至少得寫幾年才有過稿的可能等等，奇拉也真的沒敢奢望能有什麼出版的機會。只是既然沒工作，又有故事想說，便動筆了。

說到寫小說，奇拉一來並非文學專業，二來沒有任何人脈，所能倚仗的無非是十幾年的閱讀功底，再加上心裡的一股創作衝動。被編輯頻頻吐槽說輕小說寫得太像純文學批判小說是後話，在剛剛開始動筆、還沒有任何出版希望時，奇拉能做的也就只是字斟句酌地寫好故事，偶爾跟老張這個老外分享一下故事內容，聽聽他的意見。

然而從寫完第一頁（大概四百字）的時候，老張就興高采烈地揮舞著奇拉（用漢語手寫的，他看不懂）的稿紙說：

「嘿，我們快可以買房了！」

這裡請大家專注地理解老張對奇拉選擇的尊重、對奇拉愛好的支持和對奇拉能力的信任，務必忽略他那西方人特有的、樂觀的天真以及他對新人作者稿費的絕對誤判。

寫作途中，有時候奇拉想到自己在法國變成了沒有全職工作、沒有穩定掙錢能力的家庭主婦，天天就是在鍵盤上毫無意義地敲打，覺得很慚愧。老張卻總是一臉理所當然地說：「你帶孩子、做家務都是工作啊。你寫書也是工作啊！」

老張居然能把一件耗費時間精力又不掙錢，還把人變得神神叨叨的愛好，稱為「工作」，奇拉當真震驚且感動。

第一部二十萬字的書稿簽約以後，老張更是偶爾會以一種崇拜的眼光看著奇拉說：「寫小說這個絕對是我一輩子也不會成功的事，不是能不能過稿的問題，而是我根本就寫不出來。以前你本來說一本書過稿有多難，得寫多少年才能投稿成功什麼的……可是你只寫了三個月，然後又過了三個月就過稿簽合約了，還是上下冊，一下子就在臺灣國際漫博展推出精裝版，還有周邊產品……這個我告訴你，我一輩子也不可能做到。」

老張不光是莫名仰視奇拉寫書這件事，還在奇拉向他詢問時認真地跟奇拉進行討論，努力提供幫助。

一次奇拉寫到某處卡住了，問老張：「如果我改變水的密度，是不是水就可以變得更堅韌？」

老張瞪大眼睛聽不懂，拿起手機去查「密度」這詞是啥意思。查完以後一臉懵圈地說：「你怎麼改變水的密度？」

「那我也不知道啊，可是我的小說裡需要一個辦法，讓水鎧變得更堅韌。我在想是不是改變水的密度就可以？」

「什麼『水鎧』？」老張被弄得五迷三道。

「就是水的鎧甲。我在妖界裡需要的——就是我創造的另外一個幻想的世界，妖的駐地。」

老張用手機查了「妖」是什麼意思，然後哭笑不得地說：「在你的那個妖的世界裡我不知道，你要怎麼弄都行，可是在我們的這個世界裡，液態水的密度是固定的，你很難改變密度，除非是水變成固態冰或者氣態水蒸氣。」

「我不要固態或者氣態，我就要液態。一張水膜怎麼才能變得更堅韌？」

本以為老張會氣得拂袖而去，沒想到他還真的認真在想，臉上的表情跟聽說奇拉要求他摘星星差不多。

「那要不這樣也成，」奇拉退而求其次，「你給我想一個辦法，可以改變狀態、改變內部結構等等，把液態水的水膜變得堅韌。」

學物理出身的老張張口結舌，不斷撓頭，最後說：「那我真不知道。」

「假如把這水膜的內壓增大，有沒有可能？」

「反正可以影響密度的因素是壓力和溫度，那也許可以吧……也許可以改變密度，但也不會把水變得堅韌……」

好吧，這可能根本就是一個偽命題。討論到此為止了。工科生的嚴謹、執著和寫作人的浪漫想像發生碰撞的最後，物理學翻了個白眼，學物理的老張甘拜下風。老張沒有驚嘆奇拉的白癡，嗤之以鼻地走開，而是花了半個多小時認真地用漢語給奇拉講解密度問題。看著老張拚命在奇拉混亂的物理邏輯中掙扎解釋的樣子，奇拉既覺得老張很可憐，又覺得心裡很溫暖。

所以說，對方如何看待、對待你的犧牲，能否體諒與感激，也是很重要的一方面。

決定「要不要犧牲」的「星星加減法表格」有用嗎？

關於如何決定要不要犧牲這件事，奇拉當然可以這樣建議你——在你做決定之前，先列一張下面這樣的表格，看看做出某個決定之後，自己將會失去的和得到的都有些什麼。比如：

跟丈夫移居歐洲後，我將會失去的和得到的：	
失去	得到
許多陪伴父母的時間	新鮮的空氣、更為安全的飲食
穩定、高薪的工作，以及它所帶來的成就感和社會地位	看世界的機會
至少是短期之內的經濟獨立	孩子不需要從童年就開始激烈競爭，然後經歷慘烈的中考、高考
使用語言交際的能力（如果不會當地語言的話）	做出就業與人生全新選擇的機會
習慣的醫療方式	交外國新朋友的機會
開車的能力（如果兩國駕照不能互換的話）	更優越的生活條件
跟朋友相處的時間和見面的機會	
和朋友們互相理解的程度和共同話題	
對國內生活變化的瞭解與適應	
習慣的生活方式、環境、氣候等等	

可最大的問題是，當你真的做出了那個決定，邁出了不能收回的那一步之後，一定會發現，在「失去」和「得到」兩欄中，都需要加上你完全沒料想到的、非常意外、卻又非常重要的內容。另外上面表格的缺陷是，雖然都是一兩行文字，可每一點其實本身的重要性都有差異，比如說：失去「習慣的生活方式」對你來說沒什麼關係，可是要失去「許多陪伴父母的時間」就是極艱難的抉擇；得到「交外國新朋友的機會」也遠遠沒有失去「穩定、高薪的工作，以及它所帶來的成就感和社會地位」那麼重要。

所以如果你真的有空閒，還可以把這張表格進化到下面這個樣子，然後再來做做星星加減法：

跟丈夫移居歐洲後，我將會失去的和得到的：			
失去	重要性	得到	重要性
許多陪伴父母的時間	★★★★	新鮮的空氣、更為安全的飲食	★★★★
穩定、高薪的工作，以及它所帶來的成就感和社會地位	★★★	看世界的機會	★★★
至少是短期之內的經濟獨立	★★★	孩子不需要從童年就開始激烈競爭，然後經歷慘烈的中考、高考	★★★★
使用語言交際的能力（如果不會當地語言的話）	★★★	做出就業與人生全新選擇的機會	★★★
習慣的醫療方式	★★★	交外國新朋友的機會	★
開車的能力（如果兩國駕照不能互換的話）	★	更優越的生活條件	★★
跟朋友相處的時間和見面的機會	★		
和朋友們互相理解的程度和共同話題	★★		
對國內生活變化的瞭解與適應	★		
習慣的生活方式、環境、氣候等等	★		

然後你會發現這張表格的最後一個問題是：儘管「得到」比「失去」少了好幾顆星星，然而你的心還是叫囂著：「想去」。

人生沒有完美，無論怎樣選擇都會留有遺憾。取捨總有利弊，把犧牲看成是自己選擇的結果，就更容易接受你所失去的。

明白自己的心，然後就隨心去闖蕩吧。

世界那麼大，哪裡不能結局？重要的是過程吧！

14.同性戀愛與婚姻

最時尚？你也可能是同性戀!?

在這樣一本正經吐槽跨國婚戀的書中，如果沒有「同性戀愛與婚姻」這一篇，肯定是不完整的。

相信看到這裡的你早已發現，在這本書裡，異性戀、同性戀、雙性戀者的跨國婚戀故事交融在一起，只要符合各篇的話題，各種性取向者的婚戀故事和採訪內容就會穿插在任一篇出現。本書並不是一本異性戀者的跨國婚戀故事，而是人類的跨國婚戀故事。

在德國，僅二〇一六年一年間，就有兩萬五千對男同性戀和一萬九千對女同性戀在政府正式註冊同居（在德國二〇一六年同性還不能結婚，二〇一七年德國法律承認同性婚姻）。臺灣也在二〇一九年正式允許同性情侶登記結婚。而哪怕是在同性婚姻尚不合法的國家，甚至是人們仍視同性關係為洪水猛獸的國家，同性戀愛其實也存在著。無論我們是正視，還是無視；是理解、接受，還是諱莫如深，同性婚戀都在離我們並不遙遠的地方存在著。

在前面的一些章節中，奇拉已經講過數個同性情侶的跨國婚戀故事。在奇拉看來，同性婚戀和異性婚戀並沒有實質性的差異。就像跨國婚戀是一般婚戀中比較特殊、少數的婚戀形式一樣，同性婚戀也只是在人類婚戀中比較特殊、少數的一部分而已。無論怎樣的性取向，每個人尋找的，無非都是被看見、被理解、被或溫暖或激情地愛戀。真正有差別的，是人們對於異性戀與同性戀的看法。

（以下大部分內容都是基於採訪提煉出的觀點，本書應部分受訪者的要求，只表達他們的觀點而不提到他們的個人資訊。）

在奇拉跟（第3篇提到過的）德國人陳卿遙的聊天中，陳卿遙談到了在不同的時代、不同的地方，人們對於同性關係的不同理解：「中國古代的男寵；從前京劇旦角和男生之間的關係；古希臘的男男之間介於精神導師與同性戀人之間的關係；泰國的變性人等等，人們對於同性關係有不同的理解。怎麼定義、怎樣對待（同性關係），在不同的年代和不同的地方都不一樣。」

「是啊，」奇拉補充道：「中國魏晉南北朝時男色大興，甚於女色，士大夫『莫不尚之』，明朝也有『翰林風』，那時候高級知識分子之間的男男關係，是很流行的；可惜我們不是在那些時代，要不沒准你就是最時尚的。」

陳卿遙笑答：「有可能！」

隨後他提到了現在的九〇後、〇〇後的性取向更加多元化，有同性戀、雙性戀[1]、無性戀[2]，泛性戀[3]等各種說法……而在另一次視訊採訪中，陳卿遙的中國男友狄甯則把性取向的多元化歸結於人們對「心理性別」越來越多的理解和重視。狄寧認為這些繁雜的性取向所表達的，其實就是「生理性別和心理性別的排列組合」。天然的生理性別可能只有男、女兩種，然而心理性別卻有「男性、偏男性、中性、偏女性、女性」五種，所以生理性別與心理性別組合起來而衍生出的性認同和性取向也就繁雜起來。

狄甯認為，性取向的多元化也是社會越來越寬容與進步的表現：「以前在中國，少數民族如果要跟漢族結婚，人們就覺得不可思議，家長就要打斷你的腿，可現在這就已經根本不是一個問題了。」陳卿遙補充說，同性戀以前還算是神經病，甚至要很殘忍地用電擊強制治療，現在也基本沒有了。從前如果一旦讓別人知道你是同性戀，就會失去工作、朋友，甚至親情等等，現在也沒有那麼嚴重了。

1 雙性戀（Bisexual），又稱雙性愛、雙性向，指對男女兩性都會產生愛情和性欲的人，是性取向分類之一，與單性戀（異性戀或同性戀）並列。

2 泛性戀（Pansexual），是性取向的一種，指對任何性別皆能產生愛情和性欲的人，包括女性、男性、跨性別者等。泛性戀者通常認為，在戀愛時性別是微不足道或者無關的（在選擇戀人時，不受性別的限制）。

3 無性戀（Asexualith或Nonsexuality），是指一些不具有性欲望或者宣稱自己沒有性取向的人，即不會對男性或女性任一性別表現出性欲望，缺乏性衝動。二〇〇四年發表的研究結果提及無性戀占人口的1%。不過無性戀是否是一種性取向，到現在都還有爭議。（無性戀有別於禁欲者和獨身主義者，一般沒有宗教信仰的原因。）

而中國現在的情況呢？陳卿遙根據自己的經驗這樣說：「中國的情況我覺得現在已經蠻不錯的，在中國我（是同性戀這件事）也是公開的——當然我也不會對每個人說，嗨，你好，我是gay，名叫陳卿遙——但是想知道的就知道，我不會刻意隱瞞。而且我從來沒遇到特別不好的反應。反正，在中國人們一般根本不怎麼把愛情關係在外面表示出來——原來不會，可是我覺得已經有變化了——現在的年輕人變得大膽些。我也覺得中國在變化。同性戀的概念也會越來越多在社會中出現，人們也應該是越來越瞭解和包容。」

當然這也並不是說對於同性戀的社會歧視與壓力已經消失了，其實無論是政府還是大眾對於同性戀的理解與包容都有很長的路要走。即使是在二〇一九年的巴黎，某些事件仍然時有發生：同性戀人一起走在街上——並沒有牽手、接吻等親密行為，只是並肩走在街上——就被路人言語羞辱，甚至動手毆打。各國的法律和宗教對於同性愛的寬容程度也有相當大的差異，在亞洲的絕大多數國家和地區，同性結婚仍然是不合法的。很多常年生活在一起的跨國同性伴侶因此無法申請家庭團聚簽證，會在居留手續等問題上遇到很多實際困難。

狄寧還在視訊中講出了異性戀人群對同性關係的幾種典型態度：要嘛是本來沒接觸過這個概念，不明白到底是怎麼回事，就會覺得很難明白，也不太可能接受；要嘛是知道有這麼一回事，存在獵奇心理，把同性關係作為茶餘飯後調侃或批判的話題，以彰顯自己的「正常和正確」；也有的人能夠真正理解同性愛與異性愛其實沒有本質上的差異，不會從心裡把同性戀和異性戀的人區分對待；還有的人會以實際行動支持LGBT[4]人群。

在與幾位採訪對象談到性取向這個話題的時候，奇拉還聽到了另外一些看法：

「在亞洲比較傾向於把人分得很清楚——是1還是2（單性戀還是雙性戀）？甚至在男同性戀關係中是1還是〇（攻還是受[5]）？其實很多人本身並沒有那麼清楚的。我一個gay朋友就曾經親口對我說他是『〇．4』。我現在已經註冊同居的男朋友也是三十多歲才開始跟同性談戀愛，之前也有過交往了十幾年的女朋友。」

「其實我認為很少有人是百分之一百，即百分之百地喜歡異性，而完全不喜歡同性。可也不能說大部分人都是雙性戀。

我覺得大概可以這樣理解：你對男女有幾分感興趣？如果大概是喜歡男人五十分，喜歡女人五十分，或者四十五／五十五，那就可以說是雙性戀。即使是異性戀，也可以是九十五／五或者九十九／一，很少會有一百／零。如果某一天真的對同性產生一點感覺，也不是說就變成了同性戀。問題是很多人不承認自己不願意有的、意外的感覺。

---

4 LGBT是女同性戀者（Lesbians）、男同性戀者（Gays）、雙性戀者（Bisexuals）與跨性別者（Transgender）的英文首字母縮略字。

5 「攻、受」是男同性戀關係中兩個男生的身份區分，「攻」屬於性愛關係中的施動者，「受」屬於性愛關係中的受動者。

另外也有無性戀，可能就是一／二，基本哪一個性別都不喜歡。而且誰規定必須是一共一百分？有的人也可以是七十五／五十，那應該叫什麼了？

我們也會被社會影響。所以說人內心的感情確實沒那麼簡單，因此有的青年人就會混亂。」

「即使是異性戀的人，在他們的童年和少年時代，愛情也可能曾以同性之間友情的面貌出現過。」

「不管是同性戀還是異性戀，都是戀，都是愛上一個人。然後才是他／她的性別。同性戀一般都會有一個迷惘期，自己對自己性取向的明白和接受需要一個過程。自己要去弄清楚自己，我覺得是很多少年的一種痛苦，我之前也是。清楚之後還要接受，然後才能心態平和，這是人生修煉，可能是非常漫長的過程。」

「現在我們的傳統教育都是兩性間的啟蒙，而沒有比較寬泛的愛。」

「我覺得不應該問你是不是同性戀，而應該問你喜歡誰。可能某個人出現的時候，你就明白了一切。」

「很多同性戀在少年時代都會有一個迷惘期，他們不明白自己到底是不是同性戀。很多人可能有過跟異性戀愛的經驗，往往也不是不行。可當真正與同性親密接觸時才一下子明白，那感覺完全不一樣。」

深入交流的話題一：同性戀愛關係的時長期待和持久度

奇拉在跟同性的戀人們或伴侶們的深入交流中，談到了很多話題，比如說：「同性戀愛關係的時長期待和持久度」、「被迫與異性結婚」、「家裡的反對」、「如何跟家人溝通自己的性取向」、「開放式關係」……我們不妨逐一來探討這些話題。

在剛開始構思「同性戀愛與婚姻」這一篇的時候，奇拉曾和一位法國同性戀的朋友聊過，雖然他並沒有跨國戀愛的經驗，交往過的男友都是法國人，但他是少數能夠跟奇拉就宗教、同性戀等敏感話題開誠佈公、深入交流的法國朋友，所以奇拉在還不知道能不能寫出這一篇的時候，先跟他聊了聊。

這位仁兄是法國軍隊裡航空技術部門的軍官，初見奇拉的時候，他先跟奇拉相談甚歡了許久，然後突然停住，捏著下巴邊想邊說：「讓我想想，以我的工作職位和身分，是不是不應該跟中國人講話呢？」正當奇拉瞪眼尷尬的時候，他又把手一揮道：「去他的，我們剛才聊到哪裡了？」

正是這位仁兄，在奇拉本就擔心最後一篇無法寫成的時候，又認真地給奇拉潑了一盆冷水。他說：「你想採訪同性的情侶可能還行，可是估計願意接受採訪的同性情侶已經比較少，你還非得找跨國的，那不是大海撈針嗎？而且同性關係跟異性戀愛比起來，本來就更少期待或者更難獲得長久的、穩定的關係。你看我現在的男朋友交往了九個月，他已經是我相處時間最長的男友了。要找結婚的？至少我身邊從來沒聽說過。還得是跨國的……」他用憐憫的眼光看著奇拉，然後又補了一刀：「你要是找到了，採訪了，別忘了給我看看他們說了什麼。」

後來奇拉採訪到了（前面提過的）在德國做醫學科研工作的中國男生許衡，他跟他的瑞典同性伴侶歐米（國際公司人力資源主管）是在瑞典認識的。兩人在瑞典、中國都共同生活過，他們相識、相處八年，如今已經結婚，一起住在德國。在被問到「為什麼結婚」這個問題的時候，許衡只是回答說因為很合適，而具體怎麼合適呢？許衡描述了他和歐米日常相處的一些細節：

「做飯、洗衣服什麼的這種事，我們從來沒吵過……日常都能一起交流感受，每天一起聊天啊，說說今天發生了什麼事，聽到了什麼八卦，遇到了什麼有趣的人；一起制定出行計畫，討論各自想去哪兒、想做什麼等等……

關於家裡的事、社會上的事，我們都會交流看法和想法……如果有困惑的事或者不安都會跟對方說。我倆的頭腦都很好，看問題角度不同，可以互補。

我倆都在對方的國家生活過，瞭解對方的文化背景。歐米理解中國的家庭觀念。他做ＨＲ管理過中國和外籍員工，也見識過不少中國的人情世故。他對這樣的人情世故正負兩面的看法都有。不過他認為不應該用別的國家的文化價值來衡量另一個國家，而應該去深入理解這個國家實際的狀態。

他對中國的優缺點都看到了，我倆聊西方媒體批評中國的報導時，他也有中立客觀的立場。」

聽許衡說了這些，奇拉覺得自己會明白他們為什麼可以在三個國家裡共同生活八年，最終結婚，也明白了許衡說的「合適」到底是什麼意思。

而尚未結婚的陳卿遙也表達了對婚姻的嚮往：「我也想結婚，我男朋友好像不太著急結，但是我們應該慢慢也會提這話題。我覺得還是結婚好，因為對我來說結婚也就是一種確認，是一種確定的承諾。而且在法律上的地位也不一樣了，那樣官方化還不錯。男朋友應該也覺得結婚好，只是現在時間還未到。」

另外一位受訪者也不同意「同性關係更少期待或者更難獲得長久、穩定的關係」這個看法，他認為這「跟年齡有很大的關係，年輕的時候一般都不要長久的關係，年紀大些以後就不一樣了」，他也認為這有可能「跟男人的本性有關係，每個人都不一樣。」

陳卿遙也回答出了一些客觀原因：「其實對於同性戀的情況，可能真的沒那麼簡單——看情況吧。有的真的不願意長久、不願意結婚等等。我之前的關係也沒有很長。中國大陸可能經常還有父母不接受，或者會催婚的情況，最後兩個人只能分手。」

最後需要告訴大家，本節最開始提到的那位在法國軍隊工作的仁兄，到本書拿到商業出版合約準備出版時……已經跟他的最新任男友結婚了。

深入交流的話題二：阻力與溝通

提到同性戀人被迫分手時，陳卿遙無奈地說：「中國的男同性戀不少後來會（跟女人）結婚……在中國，家裡的看法是個大問題，我一個女性朋友也是因為家裡的壓力而跟女朋友分手了，最後跟男生結婚……其實這種情況不少。」

一位臺灣的八〇後受訪者則就臺灣的情況回答說：「在臺灣gay最後跟女人結婚的我們這一代不多。上一代的，時有耳聞。但那些也是少數。」

許多亞洲的受訪者都認為家裡的反對態度給他們的戀愛造成了巨大的阻礙。比如說，許衡在接受採訪之初就提到了：「出於個人家庭原因，我父母不知道我已經結婚，而且他們對於我是同性戀的事情非常介意。」也有幾位曾有過被父母用諸如「噁心」、「變態」等字眼形容的經歷。這些也許是父母無意中出口的、並非刻意想要傷害孩子的評論，但卻可能變成尖利的刺，刺進孩子的心口，造成終生難以平復的傷痛。

「就是父母的事情說不清，太麻煩。有一個很大的問題，或者區別是，很多中國人會把父母或家裡的想法看得比自己的想法更重。而在西方一般是相反的——各人更願意走自己的路，然後看家裡支持不支持。這些是我在中國發覺的，也是（同性戀的）老外在中國（談戀愛）的困難。但是如果在歐洲這邊遇到（中國人）的話，可能他們的心態就會有些不一樣，比較開放，也是因為離家比較遠就比較自由。」陳卿遙這樣評論說。

既然家裡的阻力這樣大，那麼同性戀人群又是如何跟家人溝通自己的性取向，甚至出櫃的呢？

之前我們已經講過了狄甯跟姐姐的模糊出櫃方式，至於跟父母，他一般會通過家庭中某個可以信賴的長輩來跟父母溝通，而從不當面說破。即使是德國人陳卿遙，也沒跟自己的父母直接溝通過性取向問題，但「父母還是瞭解你，雖然沒有說破，其實還是知道。」

陳卿遙形容自己第一次帶著狄甯去見父母的情形，是這樣說的：「我父母的話沒問題，我媽愛死他了，我爸表情沒那麼直接，但是都ＯＫ。上次耶誕節要求他做了個水煮魚，我爸吃了他做的飯就開心了。跟父母的關係根本不會影響我們的生活。」

而狄甯談到自己的父母時，也說得很坦誠：「如果家人本來沒有（同性戀）這個概念，就很難明白、接受。這其實是一種對未知事物的恐懼。但真正愛你的親人會說：『我不知道怎麼會有人這樣的，可是最重要是你覺得幸福就好。』說到底，很多親戚是出於虛榮、攀比，而來發表意見、指指點點。實際上我的事跟他們有什麼關係呢？只是茶餘飯後的話題而已。所以我是gay這件事，只有真正重要的親人知道，對其餘人是保密的。因為別人議論總會造成壓力，而這個壓力其實是最愛你的親人來替你承受的。」

深入交流的話題三：開放式關係——傳統與環境

在談到開放式關係的時候，奇拉也聽到了兩種比較不同的看法。有的人覺得開放式關係是必要的，而且也是比較常見的。

「我覺得是這樣：很多男男在一起，開始的時候會誤以為這人就是他們一生的唯一，但是想要好好維持下去的時候，卻有生理問題出來作怪。比如，男人可能還是會有更多生理需求。婚前大家以為生理＋心理的一對一是肯定的，可在男男的世界裡卻是另外一回事。說到意想不到的開放式關係，這是不是也算吐了槽？」

「生理的一對一不夠，需要開放式關係，我覺得是男人的生理本質。」

「兩個人的戀愛關係是基於感情，是愛情的關係，是心理的；可是性是生理的，是另外一回事，性與感情是可以分開的，對男人來說尤其如此。所以在男男關係中，開放式關係還是挺多的。」

但也有人不同意這樣的看法：

「並不能說開放式關係是男男關係的一種『常識』。也有很多人不是這樣的。」

「其實難道異性戀裡沒有開放式關係嗎？只是兩個男人就會比較直接，而且可能同性戀中更容易提出來這個話題。很多事情其實異性關係裡都會有，差別是周圍會怎麼看待我們。」

狄寧最終把同性關係做了這樣的總結：

「同性關係更少受傳統想法的束縛。所以傳統不能像（影響）異性戀那樣影響我們，因為同性結婚本來就是突破傳統結婚的概念。同性戀的關係中沒有多少傳統影響，也可以從兩個方面來說——我們沒有多少傳統帶來的阻力，也沒有傳統的幫助。我真的覺得同性戀和異性戀沒有太大的區別，異性戀會發生的事，在同性戀裡也會發生，而不同的是我們身處的環境——周圍的人會怎麼看待我們。」

他們的調侃：直男、腐女和耽美文

在對陳卿遙和狄寧的視訊採訪中，奇拉曾充滿好奇地提出了這樣一個問題：

「當你打開一本吐槽跨國婚戀的書，讀完了婚姻觀念、語言、飲食及生活細節、金錢觀和人生觀……等等很多章節之後，看到了最後一篇的標題：同性戀愛與婚姻。你會期待在這一篇裡看到什麼內容呢？」

結果非常幽默的狄寧一秒鐘也沒停下來思考，就直接回答道：

「其實我對這一篇不感興趣，我比較想看前面的那些內容。」

回答一出，他們和視訊這一邊的奇拉都是爆笑。笑完以後奇拉想想，覺得他說得也有道理，畢竟誰會對自己每天習以為常的生活感興趣呢，還翻開書來看？奇拉覺得自己好像問了一個特別傻的問題。

陳卿遙還補了一個更有笑點的回答：「這個問題你應該去問腐女啊。」

奇拉聽了便大笑著問他：「你還知道腐女啊？你確定腐女們會能給出什麼好答案嗎？」

本以為陳卿遙和狄寧會對「腐女」這個話題比較反感，沒想到他們倒是毫不介意地聊了不少關於ＢＬ[6]、腐女[7]和直男[8]的話題。

「其實『腐女』看怎麼定義吧，一般來說就是喜歡看ＢＬ的女孩吧？那些ＢＬ漫畫經常還是女生畫的——那就是一種女人的幻想吧。所以我並沒有什麼特殊看法。不過要是她一直要把直男掰彎[9]的話，那還挺煩的——可是我不認識這樣的腐女。我也看過ＢＬ漫畫和小說，有的

---

6 英語Boy Love的縮寫，即男男戀愛。
7 喜歡ＢＬ的女性。
8 異性戀的男性。
9 把異性戀者變成同性戀者。

還挺可愛，有的也很奇怪。其實我比較喜歡看真人電影或者電視劇。說到底，最重要的就是不要想去影響別人。誰喜歡（BL）誰就喜歡，不喜歡就不喜歡，可是沒有人會喜歡別人來故意改變自己，不管是直變彎或彎變直，對不對？你說誰會喜歡？」

奇拉在這裡提了一個不知道是不是會被揍扁的問題：「那你如果喜歡上一個直男，不會試試把他掰彎嗎？」

陳卿遙想也沒想就說：「不會，沒意義。如果你知道他是直的就沒辦法了，就算你真的說服他，他後來也絕對會甩了你。如果一個人還不太清楚自己喜不喜歡同性，也許我還會試試看……反正這就是基佬的痛苦，喜歡上直男。」

奇拉想了想，試圖反駁：「其實誰都會有『喜歡上不會喜歡我的人』的經歷啊，雖然不會喜歡的理由不同。」

「會，但是，我們就是更多。」陳卿遙很快地回答：「其實一個人如果人很好，可以做朋友，但是誰也接受不了別人要把自己變成不是自己的人。其實刻意去改變性向根本就不可能，你就自己設想一下，如果來了個女的，一直要讓你喜歡上她，你會是什麼感覺？」

這一點奇拉也贊同道：「是的。很多不明白的人會說，為什麼非得愛同性，你好好找個異性談戀愛、結婚、生孩子不行嗎？但其實真的沒辦法勉強。」

「是啊，」陳卿遙有些感嘆道，「我之前年輕的時候也還會懷疑，也許自己只是好奇而已，也許後來不會喜歡同性等等。反正那時候（社會）對於同性戀的偏見也（比現在）更大，我自己也會受這些偏見的影響，希望自己不是同性戀。可是慢慢就明白了。反正我也不是跟女人不可能，但是對男人的感覺就不一樣了，我第一次跟男孩接吻的時候一下子就知道區別了。」

然後他向奇拉發問了：「其實我不太理解，為什麼有那麼多女生喜歡看同性愛？說到底你們女的為什麼會喜歡看兩個男人談戀愛、做愛的小說啊？」

鑒於奇拉也未必是精於此道的「專家」所以只好以採訪得來的答案作為回答啦——答案大概有三種：

其一，喜歡禁斷之戀的刺激；

其二，喜歡那種唯美、純愛的感覺；

其三，「我其實只是喜歡看帥哥啦！兩個帥哥比一個多，還有H[10]，所以很不錯呀，哈哈哈。」

陳卿遙大笑著表示對第三種答案很認同……

---

[10] H在這裡指情色內容描寫。

在對其他同性戀朋友的採訪中，奇拉也陸陸續續地問到他們對腐女的看法。有人的看法好「天真」，比如說：

「我覺得腐女可以是男男的很好的朋友，可以成為像閨蜜那般的好友。」

也有人的看法好「專業」：

「你這樣問太籠統。腐女也有很多種，有只是局限於二次元，喜歡看ＢＬ小說、漫畫的；有喜歡在三次元裡掰彎直男的；有喜歡刺探人隱私的；也有真心支持LGBT的。」

當奇拉把第二位的觀點轉述給第一位的時候（只轉述觀點，不透露個人資訊），第一位便感嘆道：

「原來腐女分那麼多種，我都沒想過耶！」

最後，關於腐女的話題，我們不妨以採訪中的這樣一段話作結：

「如果只是局限於二次元，喜歡看ＢＬ小說、漫畫，這真的沒什麼不好啊，可是喜歡在三次元裡掰彎直男的，就很糟糕了。你根本不知道把別人掰彎以後，他將面對的是多麼艱難的人生！很多人被掰彎以後就真的直不回來，這樣真是對別人的人生極其不負責任的行為。有一些這樣的腐女還會抱怨找不到男朋友，因為老天發給你的男人已經被你親手掰彎了啊！」

時間在前進、社會在進步，相信理解與包容會漸漸成為主旋律。希望幾十年後若有人再來看這本書，會覺得本書中提到的所有歧視、偏見與阻力，都已經成為了沒有必要再做討論的「過去式」。

15.Covid-19來襲
——跨國家庭吵架話題三連發

吵什麼、怎麼吵、誰能贏：星球神器——口罩

二〇二〇年春天的一夜之間，口罩這種在西方世界既顯陌生又被嫌棄的物品，成了在一顆名為「地球」的星球上生存的必備神器。

在Covid-19（新冠病毒）疫情之初，奇拉所在的（社交軟體成員三百人以上的）「中法家庭的中國太太群」突然掀起了一股學習法語的熱潮。那晚，奇拉只半小時沒看手機，群裡的留言就增加了一百多條，有人問：「這個句子法語應該怎麼說？」」，就會有人熱心地寫出法語翻譯，還請大家指正。大家一起學法語學得不亦樂乎。

為什麼這些中國太太們突然開始熱情地學習法語呢？奇拉從頭到尾瀏覽了那些提問和回答之後，就開始笑，笑得旁邊的老張莫名其妙。

那些提問一般是這樣的：

「各位，緊急求助：『通過呼吸道傳染』用法語怎麼說？」

「請問各位，你們在家是怎麼勸說法國老公戴口罩的？我的法語

不好，希望厲害的姐姐們能提供些實用的法語句子，直接就能用上、老公能聽進去的！」「老公死活不戴口罩，說健康的人戴口罩沒用！我法語說不過他，誰有金句能一招制敵的？急求！現在這時候不戴口罩不就相當於裸奔嗎⁉」

還有一條氣急敗壞的，問：「請問大家，『你是傻逼（意指對方行為舉止極度愚蠢）嗎？』用法語怎麼說？」

提問的人都是用漢語，回答的人則有的是用漢語接招，有的直接提供法語翻譯。有的問題大家還會討論一下，覺得某句話有用，就由法語好的太太翻譯成法語發出來，供大家學習、背誦；有些法語流利的太太已經跟自家老公吵過，直接豪氣沖天地把克敵制勝的重點句逐條甩給大家。

至於最後那條氣急敗壞的提問，大家都勸：「哎，講理歸講理，吵架歸吵架，還是不要罵髒話嘛，會破壞感情……」

有一位太太貢獻出了她非常睿智的一段法語演講，這段話的可貴之處在於，既說得在理，語氣還很和緩。翻譯過來大概是這樣：

「我做一個最簡單的比喻：即使沒有任何醫學知識和科學常識，作為一個正常的人類，如果你散步的時候突然聞到一股惡臭，那你的第一反應是什麼？肯定是掩住口鼻。因為你知道那個臭味是從呼吸道進來的。難道你聞到惡臭的第一反應是馬上洗手嗎？同理，如果你知道有一個病毒是從呼吸道進來的，怎麼可能不用戴口罩，僅僅是勤洗手就行？」

另一位太太用反問句說得法國老公啞口無言：「有病的人才帶口罩，那醫院戴口罩的醫生都是有病的嗎？他們戴口罩難道只是為了保護病人，而不是為了同時也保護自己嗎？」

當中國政府早已宣布強制性戴口罩的時候，歐洲很多政府都在宣傳不用戴口罩，勤洗手就可以。中國太太群聽到政府這樣宣傳，頓時一片哀嚎，有種大禍臨頭的感覺，覺得疫情爆發已經無法避免。

很多中國太太一直抱怨自己的法國先生太頑固，讓他戴上口罩就像是要讓他去死一樣。其實法國老公們不願意戴口罩，並不只是「頑固」那麼簡單。

疫情剛開始，東方國家許多一般民眾就自動戴上了口罩，而西方人卻根本不會想要戴上口罩，甚至在疫情大規模爆發後，還有人在各種社交軟體上成立小組，堅決反對強制戴口罩的法令。

出現這種東、西方差異的主要原因之一是東、西方對口罩的認知本來就有較大的差異。

在西方的很多國家，人們的觀念是：只有有病的人才戴口罩。如果你戴口罩，就約等於在自己臉上掛了一個「我有病」的牌子，或多或少會被人側目。另外，當一個人戴口罩，就會遮住自己的面孔，讓別人有不安全感。在歐洲，法國是第一個禁止在公眾場所蒙面的國家，無論是法國婦女還是外國婦女（主要是穆斯林婦女的面紗等）可以遮住耳朵，但不允許遮住面孔。

丹麥、奧地利、比利時、德國、荷蘭等國家也都有蒙面禁令或者正在醞釀類似的法令。由此可見，除非是遵照醫囑，否則戴口罩遮住面孔在多數歐洲國家都會被認為是不禮貌的、可疑的，甚至是違法的行為。總之，在很多西方國家裡，口罩是一種非日常使用的醫療器具。

而在東方的許多國家，人們有著不同的想法：如果一個人感冒了，他很可能戴上口罩，防止把感冒傳染給別人。在很多亞洲地區，口罩已經不再是一種醫療器具，而成為了一種日常的佩戴物。一些出門習慣化妝的女生（或男生），在沒有化妝卻又必須出門的時候，就會戴口罩作為遮掩。在一些大城市裡，口罩是人們日常對抗空氣污染的必備配件。總而言之，在東方，人們更習慣於戴口罩，也更習慣看到別人戴著口罩的面孔。

疫情初期，一些西方政府守著固有觀念，仍然宣傳「有病的人才需要戴口罩」，所以民眾就順理成章地理解成：有病的人才戴口罩＝戴口罩的人都是有病的＝是戴口罩的人把病毒帶來的。這樣的宣傳為病毒的傳播開了綠燈。由此導致的糟糕情況是：來出差、旅行或者常住在西方的東方人一戴上口罩就會承受當地人看怪物一樣的眼光，有些路人甚至因為有戴口罩的東方面孔而報警，個別人還會對戴口罩的東方人言語侮辱、甚而動手毆打。當「戴口罩被打」的新聞不時傳來時，中國太太群裡的大家都說想戴而不敢戴，只好迫不得已地不戴口罩在街上「裸奔」。

當初奇拉跟一些支持戴口罩的法國朋友討論這個問題，說不明白政府為什麼宣傳不需要戴口罩。法國朋友的解釋是，政府也許是擔心口罩不足而引發更嚴重的社會問題，比如說：民眾哄搶口罩或者發生搶劫口罩等暴力事件。也有人說，西方人覺得戴不戴口罩是個人自由，政府強制戴口罩就是干涉人身自由。

無論如何，政府「有病的人才戴口罩」的說法，讓手裡有口罩的人把口罩白白放著不敢戴。也許當時最好的處理方式是宣傳：身體虛弱、想戴口罩的人可以戴，不想戴的人可以不戴。如果政府在疫情初起時是這樣宣傳，而不是說戴口罩就是有病，也許會在一定程度上抑制疫情的爆發，也可以讓跨國家庭中少一些圍繞著口罩的鬥智、鬥勇、鬥外語。

奇拉在二〇二〇年三月中旬跟（前面第2、3篇中提到過的）生活在柏林的臺灣人王明聯繫了一下，通過社交軟體問他在疫情中的生活情況：

奇拉：「你最近怎麼樣？受疫情影響大不大？」

王明：「學生都放假了，我今天是第一天回學校上班，在地鐵裡很怕被打，現在整個德國跟柏林都很緊張。」

奇拉：「學生都放假了你還上什麼班？坐地鐵一定別忘記戴口罩。」

王明：「沒戴，我也不敢戴，戴了會被揍。學校規定還是要到辦公室，現在還沒允許遠端工作。全柏林已經六個小學關閉了。現在柏林只禁止一千人以上的大活動，但酒吧和俱樂部都照常開放。柏林地鐵高峰時段人滿為患，我今天來回兩趟了，只看到一個人戴口罩。」

奇拉：「那很危險啊！」

王明：「我一邊特別擔心自己被感染，一邊還得拚命勸菲力浦（王明的伴侶，德國人）少去人多的地方逛。可是他根本不聽，戴口罩什麼的更是根本不用跟他說，他都當笑話聽的。吵過幾次，我的德語又說不過他，最後我就放棄了。聽天由命吧，運氣夠好就不會被感染，真是命裡該死的也逃不過。」

二〇二〇年七月中旬，奇拉很欣慰地看到美國紐約州州長發起了一項名為「Mask up America」的運動。宣傳短片中說：「我從未見過你，但當你戴上口罩時，你就得到了我的尊重。因為你的口罩不僅保護了你，也保護了我。我也戴上口罩來保護你。」

「Mask up America」運動其實正是在努力改變西方世界頭腦中對口罩的固有偏見。人們接受一個新的觀念、認識一個新的事物都需要一個過程，奇拉只希望人人都能自覺戴上口罩的那一天能夠及時到來。

二〇二〇年十月，當全歐洲的第二波疫情高峰已經到來的時候，戴口罩終於成為了一種共識。超市、學校等場所的門口都張貼著「請戴口罩再進入」的告示。然而還有一些「反口罩人士」創造出了各種新式口罩：有的是用絲襪做成，有的是把好好的口罩中間剪出一個大洞再戴起來……奇拉看到這些，就會覺得他們何苦呢？這麼做到底是為了跟誰作對？為了爭取什麼？又得到了什麼好處呢？反對戴口罩的更深層原因，我們會在之後繼續討論。

送不送孩子上學？能不能Party？

好不容易吵完了口罩這一波，該戴的也戴了，不戴的也放棄了，可是第二波問題馬上又襲來。圍繞著日常的生活和娛樂，所有常規都被打破，首當其衝的就是要不要送孩子去上學。

奇拉曾經在學校門口跟一些法國學生家長聊過，絕大多數家長都說「擔心」或者「有一點擔心」，可是這些家長還都送孩子去了學校。其中的原因有：「沒辦法，我和我丈夫都要上班，沒人能看孩子。我們必須得上班掙錢，生活還得繼續下去。」「相信政府在學校實行的安全措施應該是有效的。」「不能因為這樣一個不太嚴重的病就剝奪孩子上學受教育的機會。」

家長們想要相信學校裡是安全的，可是，從二〇二〇年初疫情剛開始一直到十月末第二波疫情禁足的這大半年時間，法國政府關於「孩子是否容易感染和傳播Covid-19病毒」的說法，以及針對學校的防疫措施，出現過怎樣的反轉呢？

最開始，政府認為孩子們不容易遵守洗手、保持安全距離等防疫措施，於是關閉了全國的學校。可是後來，政府又說孩子們是最不容易被傳染的，所以在每天的新增確診病例從八千飆升到五萬的過程中，堅決不關閉學校，並且在法國已經有七十六所學校和將近兩千個班級因為疫情關閉的情況下，教育部長Jean-Michel-Blanquer還宣布放鬆了學校的關閉條件——在幼稚園和小學裡，從之前的「只要一個班級出現一例確診就關閉這個班級」，變成了：「當一個孩子的病毒檢測呈陽性時，他的同學將不再被視為接觸者，他所在的班級可以照常上課。只有當一個班級出現了來自不同家庭的三個確診病例時，才會啟動識別接觸者、隔離、關閉班級甚至關閉學校的程序。」更霸氣的是「所有與沒戴口罩的確診學生一起工作的、戴著口罩的幼稚園或小學老師，將不再被視為病毒接觸者，也不再需要被隔離，都可以繼續照常工作。」而且請注意，在二〇二〇年十月底之前，法國不要求十一歲以下的孩子戴口罩。所以在小學內，只有老師和教職工戴口罩（有的老師還只戴一個可以擋住嘴的塑膠擋片，根本算不上口罩），孩子們都是不戴口罩在一起近距離玩耍的。直到十月三十號第二次全國禁足，政府才改口要求所有六歲以上的孩子戴口罩，即使在全國禁足、很多職業都居家上班的情況下，幼稚園、中小學還照常開放。

法國政府這些措施的依據是：「從現有的研究中，我們能發現，兒童彼此之間的傳染性很小，而且兒童傳染給成人的比例也非常低。」

說實話，法國政府關於兒童和學校的防疫規定屢屢讓奇拉震驚。奇拉想要讓孩子休學，可是老張認為法國政府不可能毫無根據地這樣說，這肯定是經過科學研究得出的結論。於是，奇拉在極度糾結中，向北京一位近距離檢測、救治Covid-19重症病人數月之久的、知名醫院的醫師朋友蕭盟請教了「孩子是不是更不容易被傳染」和「上小學的孩子需不需要戴口罩」兩個問題。

蕭盟回覆說：「我實在不明白這樣說（孩子更不容易被傳染）的證據在哪裡，（中國）國內沒有這種說法。相反，這裡學校尤其是小學、幼稚園執行的都是最高、最嚴格的措施。別說是有確診的，就是孩子的同住人都需要嚴密檢測，（同住人）一旦體溫升高超過攝氏三十七點二度，孩子就不能上課，需要隔離檢測。中國在這方面很到位，誰敢拿祖國的明天開玩笑。北京在（新增確診病例）基本清零的情況下開學了，小學生要求戴口罩，孩子們上體育課和上課（坐在座位）時摘（口罩），下課的時候要戴。」

聽了兩方完全相反的說法，奇拉真的不知自己應該作何感想，更不知該作何反應，只是覺得非常沒有安全感，就像被蒙住眼睛、懸空踩在鋼絲上，沒有依憑。

那時候，老張的想法基本上是比較普遍的法國人的想法，他認為這個病確實比流感厲害，應該注意防護，可是還不到需要讓孩子休學的程度。可是被奇拉問到「孩子不戴口罩如何防護？」「班裡如果有無症狀感染者怎麼辦？」這些具體問題時，老張又攤開雙手表示「誰能知道？」。

後來奇拉在「中法家庭的中國太太群」，看到不止一位家長提出了「如果不送孩子去上學是否違反法國義務教育法」這個問題。因為法國的法律規定，家長如果無故不送孩子去上學超過兩天，校方就有義務上報，家長就可能面臨罰款甚至坐牢的懲處。而在馬克宏（Emmanual Macron）總統任內，他還把這個義務教育的年齡從六歲降低到了三歲。一些家長想知道，在疫情的特殊時期，是不是可以不送孩子去學校。

兩位已經跟校長溝通過的家長在群內曬出了法方校長的霸氣回應：「只要政府沒關閉學校，您就有義務送孩子來上學，否則就會面臨處罰。如果孩子生病，必須有醫生開的假條才能在家休息。」

本來這項法律的初衷是保護孩子受教育的權利，為了防止法國有一些不負責任的家長，生了孩子之後卻不好好養育，把孩子關在家裡不讓他們受教育甚至虐待孩子。然而這項有著良好初衷的法律在疫情的特殊時期卻變成了一面牆壁，堵住了那些想要保護孩子的家長們的去路。

因為不送孩子上學在現實中困難重重——既得不到法國伴侶的支持，又得面對法律上的困境，所以有些中國父母只好繼續送孩子去上學。然而在做了這個艱難的決定之後，他們卻遭到了遠在中國國內的、孩子爺爺奶奶（姥姥姥爺）的強大暴擊。老人們天天擔心、日日念叨，說這個時候還送孩子去上學，父母簡直是沒有責任心，這令父母們剛剛重建起來的心理防線再次瀕臨崩潰。

奇拉經過無數次糾結以及與老張的艱難溝通，終於找到了可以不送孩子去上學又不會觸犯法律的辦法，那就是申請「在家學習（Ecole à la maison）」。辦理一系列相關手續後，可以讓孩子在國家遠端教育中心（Centre national d'éducation à distance，簡稱CNED）接受教育，定期會有專人檢查孩子的學習情況。

根據法國BFM TV的統計資料，二〇一七年申請遠端教育的法國兒童大約有三萬五千人，二〇一九有四萬一千人，兩年間增長了六千人。而到二〇二〇年九月為止，有五萬孩子申請了在家遠程學習，一下子暴增了九千人。

經過反覆掙扎，奇拉終於決定讓孩子從學校退學，報名遠端教育，也徵得了老張的同意。做決定的過程中，奇拉的感受是：自己用盡洪荒之力，一個人在與整個法國抗爭，還被當成是小題大做、貪生怕死的神經病。

說到底，這個病毒到底是否容易在孩子間傳播？感染病毒的後遺症都有哪些？目前我們對於Covid-19病毒瞭解得太少。基於未知來討論決策本來就是一件艱難的事情，而要不要送孩子去上學這件事，就在各種不確定中被決定。被迫送孩子上學的父母，每天看著突飛猛進的確診病例數憂心忡忡；而選擇了不送孩子去上學的父母則在各種質疑中憂心忡忡。這種情況下，如果伴侶又跟自己意見相左，時不時得用外語吵上一架的話，那就真是內憂外患、腹背受敵了。

令人不敢相信的是，相較於「要不要送孩子上學」而言，「能不能去夜店喝酒」、「能不能去餐館吃飯」、「可不可以Party」這類的話題，似乎更能牽動法國人的心。夜生活、美酒、美食和派對文化早已融入了法國人的血液，要想把這些全部禁止或者部分限制，政府確實面對著比強制全民戴口罩更大的阻力。

奇拉忘不了一位中國朋友說的話：「疫情爆發而且大家還都不戴口罩的那會兒，我勸我（法國）老公不要去酒吧喝酒，不要去他平時去的俱樂部打球，他想也不想就立刻拒絕，而且看我的眼神就像是我要非法監禁他似的，好像我是一個不可理喻的瘋女人。」去夜店喝酒、去餐館吃飯、參加派對對法國人來說為何如此不可或缺？簡直誇張到了「神聖不可侵犯」的程度？是的，這些看似並非絕對必須的事情，在法國人的心目中象徵著「享受生活」的「自由」。

「享受生活」是西方世界比較普遍的一種人文主義生活觀念，生活就是應該輕鬆愉快的，要儘量享受生活帶來的愉悅，而苦難好像是被忽略、應當避而不談的那一部分。如果去強調生活的不易和自己經歷過的困苦，那就是一種示弱，會被人鄙視。而亞洲人卻從歷史和文化中繼承了某種重量，他們對生活的看法似乎更帶有修行感，習慣於把苦難與責任作為生活的默認底色。所以，一旦被限制了去夜店喝酒、去餐館吃飯、參加派對的權利，亞洲人似乎更傾向於承擔起當下生活的重量，認為疫情當前，就應當堅強隱忍地共度時艱；而西方人立即想到的就是自己最起碼的、享受生活的權利受到了侵犯，於是抗議、遊行，甚至不理智的暴力行為就會接連上演。

「自由」這個詞不僅帶有濃厚的歷史人文色彩，更帶有政治色彩。文藝復興之後，人文主義觀念在歐洲深入人心，在法國的國家格言「自由、平等、博愛」中，「自由」位列首位。關於自由的話題，我們在第三節會繼續討論。奇拉在這裡只想強調：暴力和不負責任的行為都不應該假自由之名大行其道。

疫情放大了什麼？

Covid-19疫情在法國的發展如果拍成一部電視劇，那麼劇情的反轉大概是這樣的：政府先是寄希望於群體免疫，到後來從政客到醫生紛紛說群體免疫靠不住；疫情初期政府先說這個病不要緊，「不要讓它影響我們的生活」，然後反轉成全國禁足，外出必須寫證明，否則就罰款；先說大家勤洗手就行，不用戴口罩，並且信誓旦旦地說「我們有足夠的口罩庫存」、「我們準備好了」，然後反轉成強制戴口罩，全國口罩緊缺……

經歷了這麼多神轉折，民眾的耐心已經耗盡了。肉眼可見地，能心甘情願地遵守政府防疫措施的人越來越少，還有一些民眾已經在不斷反轉的劇情中憤怒了。前文（第4、7、11篇）提到過的保母婭妮，在她外孫女的生日派對上對奇拉說：「我們現在不信，政府是在騙我們，我們不在乎。我有一個朋友是當護士的，她說死亡的病例一般都是有基礎病的，通常身體健康的人都沒什麼問題，所以政府就是在嚇唬我們，想要通過疫情來加強對人民的控制。」

要知道，在第一波疫情剛開始的時候，婭妮是非常相信政府並且嚴格遵守各項防疫措施的。她在跟奇拉通電話時一再表示憂慮，並且謝絕了任何訪客。可是在第二波疫情剛開始的那次生日派對上，她外孫女家四十多平方公尺的客廳坐了至少二十位客人，還有五、六個小朋友跑來跑去。除了奇拉一家以外，別的客人都沒戴口罩，大家待在不通風的屋子又吃、又聊將近一整天，也根本沒有保持什麼一公尺的安全距離。婭妮還幾次勸奇拉一家摘下口罩，她說：「你們可以把口罩摘下來，我真的不介意。」

老張某天甚至悲觀地跟奇拉預言說：「別的國家我不知道，但法國人如果再繼續這樣下去他們就會放棄了，他們會越來越不管政府的什麼防疫措施，他們就要接受這個風險，去過像以前一樣正常的、高興的生活。」

持續不斷的疫情不僅放大了民眾對於政府的不滿，也引發了另一種憤怒。自古以來，大凡是平安盛世，人們就更能包容跟自己不一樣的人；而大難臨頭時，恐懼就會放大人類敵視異族的本能，這個時候跟自己不一樣的外國人、外族人就成了天然的靶子。總體來講，疫情到來之後，全球都出現了程度不一的排外思潮，甚至發生暴力的排外行為。種族歧視借疫情之機理直氣壯地爆發出來。而大環境的惡化，為跨國婚戀帶來了嚴峻的外部環境。

前文（第9、12篇）提到過的、和巴西小夥兒桑東結婚的中國姑娘木木就在電話中說起過自身的感受。在疫情後期，中國境內新增病例基本清零，變成以境外輸入病例為主的時候，她在網上看到很多對外國人毫無道理的咒罵，感到了滿滿的惡意，覺得自己似乎忽然從一個值得羨慕的對象，變成了「跟桑東上街都擔心被打」的社會邊緣人。

一直生活在湖南的楊思語也對奇拉談起過，很多生活在中國的外國人都開始感覺到周圍氣氛的變化。他自己的感受是，從前遇到的陌生中國人，像是小商販、保全，都會友好地跟他打招呼，而且因為他漢語說得很好，很多人還喜歡跟他聊天。可是疫情後期，大家看到外國人都會緊張起來，似乎怕從他身上傳染上病毒似的。在街上招計程車的時候，思語甚至需要先站遠一點，讓妻子程縯（中國人）打到車，他再走過去上車。如果是他自己招手的話，大部分計程車都不會停。

如果說這些因恐懼而生的戒備心他還能夠理解，那麼最令他憤怒且不解的事情就是就職的公司要求的復工核酸檢測。在他就職的公司，中國員工只要在停工期間沒有出國，就不需要檢測，可是外籍員工一律都需要提交核酸檢測結果才能復工。思語認為：「疫情開始以前就一直生活在中國的外國人應該跟中國人一樣，不需要復工檢測，可是事實是所有外國人不管是什麼時候到中國的都必須做核酸檢測。這是沒有道理的。」

思語用開玩笑的口吻對比了他在疫情前後上街的不同遭遇：「從前有些中國人看到我，會感到比較新奇，說『你看，外國人，外國人。』而疫情之後看到我，他們會說『你看，這個外國人是怎麼進來的？』這是我親耳聽到的。」不過，在跟奇拉討論過歐洲發生的一些針對東方人的暴力事件之後，思語也很慶幸：「我們這裡相對還好，人們就是態度轉變，但還沒聽說有暴力行為。」

除了外部環境的惡化，疫情也令很多跨國家庭內部的差異凸顯。這些差異包括：文化和思維方式的差異、對社會結構和政治體制不同的理解、對個人與國家（政府）的關係的不同理解、對於人權和自由的認知差異，等等。而當這些差異被凸顯出來的時候，很多無法妥協的對立情況，甚至是無法互相理解、覺得對方不可理喻的狀況就會出現。深層觀念的衝突導致雙方在很多決策上難以達成一致意見。

奇拉在這裡記錄下在社交軟體裡看到的，或者聽朋友敘述的在疫情期間一些跨國家庭吵架的內容。蘊含在其中的想法的差異、衝突的原因和個中滋味留給大家自己品評（以下均屬個人言論，不代表本書立場。多數吵架的原文是外語，奇拉儘量翻譯得簡潔、文雅……）。

一

甲：「你們法國人就是自由散漫。你看中國人，政府一聲令下，全民遵守，舉國禁足在家，幾個月之後新增病例清零。而法國人呢？一聲令下，各種示威遊行，弄得亂七八糟，到現在疫情越來越嚴重。還有耍各種花樣故意不好好戴口罩的人，到底是有什麼毛病啊？」

乙：「對，是有問題。可是在法國，我們認為政府沒有權力把人關在家裡幾個月不許出門，這是限制了人的自由。不戴口罩我也不太贊同，但是那些抗議的人是認為政府沒有權力告訴人應該怎麼生活，每個人都有權利過他（她）想要的生活。」

甲：「和平時期你可以這麼說，可現在是特殊時期。你們的馬克宏總統在電視上說了那麼多遍『我們在戰爭中』，那戰爭時期怎麼可能只強調自由？生命安全難道不是更重要的嗎？人都死了還有什麼自由可言？」

乙：「不是的，我們法國人認為自由是比生命還更重要的事。政府不能用任何藉口來侵犯人權。如果非要比較一下病毒傳染的風險和出現一個像希特勒一樣的專制政權的風險，我們覺得還是後者更可怕！」

甲：「可政府是在保護人民啊！戴口罩、禁足這些措施難道不是為了保護生命、對抗疫情嗎？」

乙：「你所說的『保護』在我們看來就是對人的『控制』。」

甲：「我……」（後面的對罵就不翻譯了……）

二

甲：「我不懂法國人怎麼想的。你們想要不戴口罩、不禁足，蒙上眼睛騙自己，就像沒有疫情一樣生活，然後身體好、運氣好的就活下來，身體差、運氣差的就去死。這是叢林法則嗎？法國是蠻荒叢林嗎？」

乙：「你這話說得太誇張吧。我們有全世界最好的醫療體系，你不要被新聞嚇到了，少看看新聞，多聽聽音樂不好嘛？」

甲：「你這就是無視實際存在的風險，不敢正視自己的恐懼，所以虛張聲勢地去忽視它。這是自由嗎？勇敢嗎？這是怯懦，是愚蠢！」

乙：「我不要讓病毒改變我的生活，這是自由，是勇敢，是堅強。」

甲：「生活它已經改變了，這不是以我們的意志為轉移的。別人已經告訴你前面有一面牆，你只要自己沒看見，就非得接著走，到撞上去才肯停；別人已經告訴你前面有一個坑，你還得假裝不知道，直接踏進去。等你掉進坑裡、撞到牆上，一切就晚了！人類要是都像你這樣不相信別人的經驗，不懂得規避風險，我們還渾身長毛在樹上啃樹葉呢！」

乙：「猴子不吃樹葉。」

甲：「誰說……」（後面省略無意義的奇怪辯論……）

三

甲：「那些不戴口罩大規模聚集上街遊行的人，是因為沒見識過病毒的厲害，真正疫情最嚴重的地方，人們早躲在家裡不出來了。」

乙：「現在不是一百年前了，有瘟疫人們還要逃亡到別的地方去。我們現在科技發展、醫學發達，我們不需要讓一個致死率並不高的病毒把我們的生活弄得亂七八糟。」

甲：「這種虛妄的自信是由於歐洲人過了太久優渥的生活，百年來沒有本土發生的戰爭，沒有大規模的流行病，沒有經歷過SARS、MERS……人們逐漸忘記了生活本來殘酷的面目，有些人就覺得自己強大到足以跟自然抗爭。」

乙：「我們的醫療體系就是發達，病床率就是高，這是不爭的事實。不要太膽小了，我們不是生活在石器時代。」

甲：「你根本就沒有聽懂我在說什麼，沒有『短痛』的決心就會造成更長久的經濟和社會崩潰。你們會為你們的傲慢付出代價。」

乙：（鄙視臉）

四

甲：「我覺得比病毒更值得擔心的是對人權的侵犯。如果有一天，當疫情嚴重到一定程度時，政府要採取……比如說：在軟體上強制公佈確診資訊，甚至變相強制注射疫苗，測試體溫、收集隱私的身體健康資料……西方的價值觀就要遭到嚴重打擊甚至被摧毀。這才是最最可怕的事。」

乙：「所以你也不贊成下載病毒追蹤軟體，對嗎？」

甲：「是的，這肯定會侵犯人的隱私。誰也不會願意公布自己確診的消息吧。」

乙：「這真是荒謬。當你註冊一個社交軟體、甚至是購物軟體的時候，你實際上就已經在被定位和追蹤。我也同意健康追蹤要注意保護隱私，但如果公布確診消息能讓更少的人感染、更少的人死亡，那為什麼不呢？」

甲：「我知道在某些疫情控制得很好的國家，他們每天都需要用手機APP進行健康掃碼、身份資訊和體溫登記，還有行蹤追蹤軟體……如果這些『近到貼身的控制』被合法化、常態化、必須化，那我們的生活該會是多麼可怕!?你每天早上起來體溫多少度，坐什麼車、跟誰、去了哪裡、做了什麼，全都變成資料資訊被別人瞭解得一清二楚。那我們活著，跟奶牛、豬狗又有什麼區別？你也可以把這看成是保護——如果你喜歡令人窒息的保護！藉口疫情讓民眾在隱私和健康安全之間做選擇，本來就是耍流氓！」（這位老兄憤怒了，後面的發言不太理智，就不翻譯了。）

五

甲：「我覺得疫情期間體現出的很多東、西方截然不同的價值觀，都是因為對於『個人與集體的關係』理解不同。東方人的理解接近於『螞蟻與蟻巢』或者『蜜蜂與蜂巢』的關係，每個個體都犧牲自己的一部分權利——比如說：生殖的權利、選擇工種的權利等等，去成就整個巢的發展和壯大，而發展壯大後的巢又可以對每個個體進行有效的保護，利於個體的生存。而西方人的理解更像是某些鷹類，他們與其他的鷹以及整個老鷹社會沒有那樣密切的關係，為了集體去犧牲個體利益更不可能，他們更在意自己的地盤不能被侵犯。」

乙：「我認為沒有你說得那麼簡單。你說的西方到底是哪裡？美國和法國其實也有很大的差別。在法國，每個工作的人都付很多稅，為了每個居住在法國的人——不管有沒有工作，甚至有沒有合法的身份——都能免費上學、免費看病。我們有CMU（Couverture maladie universelle），為合法居住在法國的窮人提供免費的醫療保險；還有AME（Aide médicale d'Etat）為非法住在法國的窮人提供免費的醫療保險。因為在我們看來，病人能得到醫治是基本的人權。在美國，很多人得了急病卻連救護車都不敢叫——太貴了。相對於美國來說，我們這就是『共產主義』。也許在觀念上我們沒有那種跟集體的緊密關係，可是我們也是每個納稅人在為國家做貢獻。至於你說的『犧牲』，到底是誰在犧牲？誰在獲益？」

甲：「個人在犧牲，國家在獲益。」

乙：「國家指的是誰？是政府嗎？是政府裡某些站在權力頂點的人嗎？不是。不能把『國家』等同成『政府』，政府、政黨都不等於國家。國家難道不是人民嗎？人民難道不是個體組成的嗎？你所說的『國家』如果隨便犧牲個體的利益，那就是暴政，就算整體再發達，個體也不會幸福。」

甲：「可是如果國家傾覆，那個體就更不會幸福。」

乙：「所以在國家和個體中間、民主與專政之間，找到一個最好的平衡點，不正是全人類應該努力的方向嗎？」

希望這些爭論為身處跨國婚戀中的你帶來一點思考，也讓艱難面對疫情的你知道自己並不孤單。希望記錄下的這些內容能為身處地球任何一個角落的人們帶去一些不同的聲音。

當這個星球上的跨國婚戀（以及任何一樁婚姻或戀愛）在外界的風急浪高中狼狽得像一座風雨飄搖的小島時，讓我們試著用耐心、智慧、勇氣以及責任感戰勝風雨，努力攜手前進。

後記

本書約有一半的採訪是用外語（英語、德語，或者漢外混合）完成的。當受訪人使用外語表述時，引號中引用的回答，都是由奇拉自己翻譯成漢語的。在翻譯時奇拉會盡可能地保留說話者本來想表達的情緒和意味，並努力使表達較符合漢語母語者的閱讀習慣。另外，書中引用和提及的所有受訪人的私人觀點，並不代表本書的立場。

文中括弧內的外文注釋，在提及某一國情況時，用該國語言注釋，如：法國的「註冊同居」就用法語來注釋，德國的「註冊同居」則用德語。一般情況下的外文注釋用英語，如：對於無性戀、泛性戀的外文注釋。

書中絕大多數國外數據和資料也是在外語網站（比較多是德國、法國官網）上查找後，由奇拉翻譯成漢語的。雖然也請會說漢語的母語者慎重地訂正過這些內容，但由於奇拉的外語水準所限，也許仍會有錯漏。若有錯漏，由奇拉負全責，敬請讀者朋友們指正。另外很多法規、資料都是不斷變化著的，請讀者朋友們在參考本書內容的同時，也以即時、當地的資訊為准。

感謝所有接受採訪的情侶、伴侶和夫婦們，沒有你們無私的分享，這本書就會黯然失色。無論是與老友們敘談瑣事、跟新朋友暢談生活，還是跟素未謀面的朋友們通過電話或社交軟體慢慢瞭解、逐漸敞開心扉、傾訴心事……你們不僅豐富了這本書裡的故事，也豐富了奇拉的生活與內心世界，讓奇拉在這世界寂靜的一隅仍能感到，自己是與這世界緊密相連的。寫作終究是寂寞的事，只一人、一桌、一電腦而已，然而包羅萬象的悲傷與欣喜就在這寂寞背後燦爛生花，宛如漆黑夜空中的絢麗煙火。

感謝顧安達（Andreas Guder）教授在百忙中為本文撰寫了序言。在認識顧教授的十年間，他從未刻意講授過什麼，然而奇拉卻從他的日常言行中受教良多。

感謝與奇拉性格迥異的Lee為本書（還有另外幾本奇拉在臺灣出版的書籍以及獲獎的歌詞作品）提供關於臺灣用詞習慣的建議。雖然對一些事情的看法不同，Lee仍是奇拉重視的朋友。

感謝Janchen不厭其煩地幫忙訂正所有德語資料和例句的翻譯，十年間我們都在滿世界亂跑，離開德國之後的見面次數屈指可數，然而能擁有這樣一份不因時間、空間而褪色的友誼，是一種溫暖與幸運。

感謝老張幫忙查詢法語資料並訂正翻譯，感謝他一向的樂觀與寬厚，感謝他誇張的鼓勵與切實的支持，感謝相遇，感謝我們在茫茫人海中找到並選擇了彼此。

感謝奇拉的父母從小為奇拉養成的閱讀習慣。記憶中只有書籍，是奇拉一旦提出想要，父母即使拮据也一定會買下的東西。感謝他們拼盡全力培養奇拉的各項技能，讓奇拉成為了現下這個站在世界角落裡，除了帶娃、做家務以外，仍能拉琴自娛、寫書遣懷，不時也做做本專業工作的、這樣的自己。

感謝所有為本書的出版付出辛勤努力的編輯。

感謝每一位友好的讀者。

最後想要說出奇拉一直擔心的事：如果單獨接受採訪的情侶或夫婦們在本書中看到了對方的回答，而不巧這回答又不是特別令人滿意的話，請跟對方坦誠地交流、深入地溝通，而不要把書丟到對方臉上，一言不合就開吵……

奇拉・蘇拂來

二〇二〇年三月十二日，於法國

釀生活31　PF0254

法式麵包佐中國普洱
──吐槽跨國婚戀！今天你抓狂了沒有？

作　　者　奇拉・蘇拂來
責任編輯　許乃文、喬齊安
圖文排版　黃莉珊
封面設計　蔡瑋筠

出版策劃　釀出版
製作發行　秀威資訊科技股份有限公司
114 台北市內湖區瑞光路76巷65號1樓
電話：+886-2-2796-3638　傳真：+886-2-2796-1377
服務信箱：service@showwe.com.tw
http://www.showwe.com.tw
郵政劃撥　19563868　戶名：秀威資訊科技股份有限公司
展售門市　國家書店【松江門市】
104 台北市中山區松江路209號1樓
電話：+886-2-2518-0207　傳真：+886-2-2518-0778
網路訂購　秀威網路書店：https://store.showwe.tw
國家網路書店：https://www.govbooks.com.tw
法律顧問　毛國樑　律師
總 經 銷　聯合發行股份有限公司
231新北市新店區寶橋路235巷6弄6號4F
電話：+886-2-2917-8022　傳真：+886-2-2915-6275

出版日期　2021年8月　BOD一版
定　　價　350元

讀者回函卡

Printed in Taiwan

國家圖書館出版品預行編目

法式麵包佐中國普洱：吐槽跨國婚戀！今天你抓狂了沒有? / 奇拉.蘇拂來著. -- 一版. -- 臺北市：醸出版, 2021.08

面；　公分. -- (醸生活 ; 31)

BOD版

ISBN 978-986-445-479-2(平裝)

1.異國婚姻 2.文化 3.風俗 4.通俗作品

544.38　　110009333